失敗しない
小規模EC戦略

本当の“こだわり”でお客様をつかむ、
小さな農家の販促術

戸塚雅睦
大茶園の小さな農家（カネト製茶）園主

合同フォレスト

まえがき

捨てられないダイレクトメールから広がった輪

小さな農家でモノを売るには、何からはじめればよいのでしょう。まずは私の試みからお話しさせてください。

1999年1月15日。私はお茶を売るために、手紙形式のダイレクトメールの発行をスタートしました。その名は「茶ちゃちゃ通信」です。

なぜそのようなダイレクトメールをつくったのか？

理由は簡単。売り込み形式のダイレクトメールは読まれずに捨てられてしまうからです。

一方、手紙形式であれば読んでいただけると考えたのです。

予想通り、「茶ちゃちゃ通信」は多くの方に読んでいただくことができました。たくさんの注文も入りました。現在は新聞形式へと変更しましたが、ダイレクトメールの発行は続けています。

その具体的な内容としては、お茶のことに加えて、私たちに親近感がわくように家族のことなども書いています。親近感を持っていただければ信用につながります。信用されれば注文していただけます。

つまり「茶ちゃちゃ通信」を使って、生産者の顔が見える販売を目指しているのです。

「茶ちゃちゃ通信」の成功に気をよくして、1年に5回も発行したことがありました。「回数が多ければ注文も増えるだろう」と。しかしそんな私の思惑は外れました。発行回数が増えたことで書くネタがなくなり、つい売り込みの内容を入れてしまったため、反応率が下がってしまったのです。

現在では、新茶シーズンと秋の年2回の発行にとどめています。

発行し続けていると、お客様からうれしい言葉をいただけるようになりました。

「いつも楽しみにしています」

「茶ちゃちゃ通信は他のダイレクトメールとは違い、そのままゴミ箱に捨てることはできません」

このような言葉をいただけると、「茶ちゃちゃ通信」はお客様の心にきちんと届いているのだと感じることができます。

ホームページができたら、SEO対策に取り組もう

Windows95が発表されると、一般家庭にもパソコンが入りはじめました。

その頃から、私は「インターネットを使えば自分でお茶を売ることができる」と考えるようになりました。ただし、まだ個人のネットショップなどない時代のことです。楽天市場（1997年サービス開始）やAmazon（2000年日本進出）も、現在のような巨大なショッピングモールにはなっていませんでした。

それでも、ネットショップで買い物をする方は増えていました。

1999年2月3日。私は、自作ホームページでネット販売をはじめました。

当時、「ネット販売は、個人店でも大型店と同じ土俵で戦うことができるので将来性がある」と言われていました。私も、「個人店でも大型店とは違う売り方をすれば売れるのではないか」「想いを伝えれば共感してくれるお客様がいるのではないか」と考えたのです。

しかし実際は、そう単純なことではありませんでした。

事実、ホームページを見てくれる方は知り合いばかりで販売にはつながりませんでした。現実を知り、個人店がネットショップで売るのはムリだと痛感したのです。

そうして、全く売れないまま14年が経った２０１３年、突然、注文が入ったのです。

「お茶の消費は低迷しているのに、なぜ？」と驚く反面、チャンスとばかりに考えを切り替えました。

「消費地でお茶専門店が閉店しているのかもしれない」

「インターネットでお茶を探している方がいるのかもしれない」

そう仮説を立てた私は、さっそく「Yahoo! リスティング広告」をうってみました。すると、驚いたことに毎日のように注文が入ったのです。

信じられませんでした。このとき、1年間で３００人もの新しいお客様を得ることができたのです。

しかし、それも長くは続きませんでした。

その後、思ったように売り上げが伸びないので、私はますます広告をうつようになっていきます。次第に広告費がかさみ経営を圧迫するまでになってしまいました。

「このままでは経営が行き詰まってしまう」

そう考えた私は、独学でSEO対策に取り組みはじめました。

簡単に結果を出せるとは思っていませんでしたが、やはり現実は厳しいものでした。

「どうすれば検索エンジンに評価されるのか？」

試行錯誤が続きました。

「こだわりを伝えればどうだろう？」

しかし、伝えるこだわりなどありませんでした。

「だったら作ればいいのではないか」

長年かかりましたが、ようやくこだわりの深蒸し茶を作ることができました。

そのこだわりを伝え続けることにより、検索結果も上位表示されるようになっていったのです。

お客様と触れ合う楽しさが人気の秘密

ネットで売れなかった時代、私はイベントやマルシェに出店していました。

初めての出店は、２００２年に川口オートレース場で５日間開催された「市民まつり」でした。売れ筋のお茶が２日間で売り切れるほどの大成功をおさめました。

イベント出店の味を占めた私は、消費地に出向いてはお茶を売るようになりました。１年間で50日も出店したことがありますが、とても忙しい日々でした。

この頃は売れていたのでよかったのですが、お茶の消費が低迷すると売れなくなってしまいました。そんな中、俳優の永島敏行さんが主催する「青空市場」だけは出店し続けました。その理由は、マルシェでお客様と触れ合うのが楽しかったからです。

また、「青空市場」は東京で開催されているので、私たちの気分転換にもなりました。

しかし、お茶の消費はさらに低迷していき、マルシェでの売り上げでは、出店料と交通費さえ足りなくなってしまったのです。イベントやマルシェからは、完全に撤退しました。

マルシェでは様々なお客様に応対することで、多くの学びがありました。高齢者や若者、子ども、家族連れ、1人で来ている人。話し好きな人や無口な人、時間がある人、目的もなく来ている人……。本当にいろいろな人と話をさせていただきました。個人経営農家は、家族で農作業を行っているので他人と触れ合うことがあまりありません。ですから、マルシェでは良い経験ができたのです。それが今のネットショップにも活きていると感じています。

参考までに、私たちが出店したイベントやマルシェは下記の通りです。
・**川口市民まつり**：川口オートレース場（2002〜2004）
・**青空市場**：銀座松竹スクエア、東京国際フォーラム広場、丸ビル、三菱商事ビル、行幸地下通路、靖国神社参道、中山競馬場、秋葉原（2002〜2014）
・**静岡フードフェア**：渋谷東急百貨店（2003）
・**全国ふるさとフェア**：横浜赤レンガ倉庫（2004〜2006）
・**オーサカキング**：大阪城公園（2005）

・**昭和町町民祭**：山梨県昭和町（2006）
・**大阪せんちゅうパル**（2008）
・**牧之原サービスエリア**：静岡県牧之原市（2008・2012）
・**秋じゃないけど収穫祭**：横浜公園（2009〜2018）
・**吉祥寺マルシェ**（2010）
・**かわさき市民まつり**：川崎競輪場（2011）
・**牧之原市認定農業者協議会**：静鉄ストア店頭販売（2011・2012）
・**静岡園芸市**：東静岡駅前広場（2012）
・**大道芸ワールドカップin静岡**：静岡駿府城公園（2012）
・**名古屋アートマート**：名古屋市栄町（2012）
・**しだれ梅まつり**：名古屋農業センター（2012〜2014）
・**ワールドフェスタ・ヨコハマ**：横浜山下公園（2013）
・**築地マルシェ**：築地市場場外市場（2012）
・**練馬まつり**：としまえん（2012〜2016）
・**新百合ヶ丘駅マルシェ**（2013）

・茶農家のお茶会：自由が丘古民家（２０１３）

小さな農家が「大手に勝つ」伝え方

小さな茶農家には、こだわりを作りやすいという利点があります。経営面積が狭いので茶園の管理に目が行き届きますし、製茶工場が小さいので繊細な製造ができるからです。こだわりの深蒸し茶を作れば、自分で売ることができます。自分で売れば経営が安定します。それは、お茶以外のあらゆる事業でもいえることです。

しかし、自分で売るにはいくつかの問題があります。

たとえば、茶農家が生産しているお茶は荒茶です。荒茶とは、棒や粉などが混じっている状態のお茶のこと。多くの茶農家は再製加工機械を持っていないので、市販されている仕上げ茶のような綺麗なお茶を作ることができません。

茶農家は荒茶製造用の機械を工夫して再製加工を行っています。私は工夫を重ねているうちに、売っても恥ずかしくないお茶を作れるようになりました。

お客様はお茶の外観は気にしていないのかもしれません。農家なので大目に見てくれている可能性もあります。

大切なのは、自分たちのこだわりを明確にして、それを伝えることです。本書では、私の実践を例にして、売るために必要な考え方や方法を紹介しています。

本書が1人でも多くの方の事業発展に役立てれば、著者として望外の幸せです。

戸塚 雅睦

目次

第2章 〝こだわり〟をうまく伝えられれば、売りたい値段で売れる

第3章 お客様の気持ちを理解した文章術

第4章 お客様を呼ぶには良好な人間関係が重要

第5章 ネットショップを高額でつくってもうまくいかない理由

第6章　お茶は日本の文化、それをつなぐ事業継承のコツ

第1章

生産者だからこそ自分で売ろう

〝こだわり〞商品を作ってもニーズに合わなければまったく売れない

我が家は、静岡県牧之原台地で深蒸し茶の生産から販売まで行っている家族経営の農家です。自分たちで作った〝こだわり〞の深蒸し茶を、通信販売でお客様にお届けしています。

農家に限らず、〝こだわり〞の商品を作っている生産者は多くいると思います。しかし、〝こだわり〞の商品を作ったとしても、実際にお客様に買っていただくのは至難の業です。なぜなら、〝こだわり〞の商品に「売れる理由」と「支持される理由」があるとは限らないからです。どんな商品でも、お客様から選ばれなければ買っていただけません。ですから、生産者の一方的な〝こだわり〞だけでは売れないのです。

では、どうすればよいのでしょうか。

私は、お客様が求めている〝こだわり〞が最も大切だと考えています。

お客様が求めている〝こだわり〞を「知ること」「作ること」「伝えること」。この3つができれば、「売れない」を「売れる」に変えることができます。

10年間取り組んだ無農薬茶は売れなかった

かつて、私は〝こだわり〟で失敗をした経験があります。

「無農薬茶ならお客様に喜んでいただけるはず」と考え、雑木林に囲まれた茶園で無農薬茶に取り組みました。たしかに無農薬茶には次のような利点があります。

・農薬で体調を崩す心配がない
・消費者が安全に配慮した商品を選べる
・他の商品との差別化ができる

しかし、実際に取り組んでみると思った以上に経費がかかってしまいました。作業効率が悪く、作業時間当たりの収穫量が極端に少なかったので、100gあたり1万円で売らなければ採算が合いませんでした。

通常のお茶は100gあたり1000円で販売していましたから、無農薬というだけで10倍の価格にしなければならなかったのです。

さらに困ったことに、無農薬という〝こだわり〟を追求した結果、通常のお茶より味が落ちてしまいました。そのような商品を、通常の10倍の値段で売ることはとてもできません。そこで、無農薬茶を100gあたり1000円で販売することにしたのですが、ほとんど売れませんでした。

そのとき実感したのは、いくら自分が良いと思った〝こだわり〟であっても、そこに「支持される理由」がなければ売れないということです。無農薬という素晴らしい〝こだわり〟であっても、お客様に支持される〝こだわり〟でなければ売れないことに気付きました。

ここに、〝こだわりの罠〟があります。

いくら生産者が〝こだわり〟を持って作ったとしても、それだけではお客様に買っていただけません。お客様が求めている〝こだわり〟をかなえた商品を、お客様が納得できる価格で販売し、さらにその〝こだわり〟を伝えることができなければ売れないのです。

幸せになる答えは「自分」で売ること

個人の生産者は、独自の商品作りに励んでいる方が多くいます。しかし、ここで注意したいのが、作っているだけではその価値が消費者には伝わらないということです。いくら素晴らしい商品を作れたとしても、通常の市場販売では、その〝こだわり〟をお客様に伝えることはできません。

伝わらなければ売れないので、「宝の持ち腐れ」となってしまいます。

解決するカギは、「どこで」「どうやって売るか」にあります。

〝こだわり〟はもちろん大切なのですが、その先にある「どこで」「どうやって売るか」はもっと大切なのです。

〝こだわり〟を生かす最適な販売方法は、「自分で売る」ことです。なぜなら、「何にこだわっているのか」を一番よく知っているのは作った本人だからです。

小さな農家が生き残る道として、〝こだわり〟の商品を作り、その〝こだわり〟を消費者に伝え、自分で売るのが最適な方法だと私は考えました。それが、心を込めて作った商品を活かす方法でもあるのです。

自分で〝こだわり〟を説明しながら売るのは楽しいものです。他の商品とはどこが違うのかを伝えて、買っていただくことができればこのうえない喜びを感じることができます。お客様から感謝の言葉をいただけたら、これ以上の幸せはありません。

では、「どこで」「どうやって」売ればよいのでしょうか。

私がたどりついたのは、自作のホームページでの販売です。

〝こだわり〟の商品を自分で売ることができれば、生産意欲が向上するのでさらなる品質向上を目指したくなります。自分で売ることは、好循環経営の基礎となるのです。

もし、「自分では売れない」と考えている方がいるようでしたら、それは「売れない」のではなくて、「売る術を知らないだけ」と考え直しましょう。売る術を知れば自分で売りたくなります。しかも、低予算でできるのですから、やらない手はないですよね。

自分で売る際に悩ましいのが「価格設定」です。

お茶でいえば、茶農家が生産している「荒茶」と、市販されている「仕上げ茶」には価格差があります。茶農家が自分で仕上げれば「仕上げ茶」価格で売ることができます。中間マージンもありません。

ですから、経営規模を縮小しても同じ利益を上げることができます。

金銭的にも、肉体的にも、そして精神的にも、余裕のある個人経営をするならば、「自分で売ること」に取り組んでみましょう。

小さな店は大きな店とは違った経営をしなければならない

売れていそうなお茶屋さんのネットショップを見ると、スイーツなどお茶以外の商品も売っていることがあります。これまでのようにお茶だけを売っていれば永続的に安定経営ができるとは、考えにくくなりました。

また、茶農家は法人化が進み、規模拡大を図っているケースが多くあります。それもまた、生き残りをかけた取り組みだといえるでしょう。

では、小さな茶農家はどうすればよいのでしょうか？

お茶以外の作物を取り入れて複合経営をしている農家もいます。お茶を完全にやめてしまって他の作物に転換した農家もいます。あるいは、数件の農家が協力し合って共同経営をはじめた農家もいます。

我が家では冬場の作物として蕪《かぶ》を栽培していますが、農閑期の仕事として経営の足しにする気持ちで栽培しているだけです。ですから私には、新たな戦略が必要でした。

我が家のような小さな茶農家は茶園を自分で管理しているため、収穫した茶葉の特徴を良く知っています。〝こだわり〟のお茶を作るには、収穫した茶葉の特徴に適した製造をしなければなりません。それができるのは、茶葉の特徴を知り尽くした小さな茶農家です。

小さな茶農家だからこそ、どこにもない〝こだわりのお茶〟を作ることができる。

そこで大切になるのが、その〝こだわり〟をお客様に伝えることです。伝える術を持たなければ売れません。

茶農家だけでなく、さまざまな業種の「小さな店」が生き残る道も同じではないでしょうか。

〝こだわり〟を伝えるのは、決してむずかしいことではありません。シンプルに考えて実行するだけです。

私は、それを自作ホームページで行っています。**農作業のようすなどをホームページにアップして、商品への〝こだわり〟を情報として発信しています。**

このような伝える努力をすることで、末永く、お客様に選んでいただける理由が生まれます。

小さなお店が生き残る最適な方法は、〝こだわり〟の商品を持ち、その〝こだわり〟をお客様に伝えて売ることなのです。

結果が出なくても継続することが重要

ネットでは多くの類似商品が売られています。

実際、ＥＣサイトやショッピングモールでは、「お茶」と検索すれば何百という商品が販売されています。このようなサービスは、売る側としても買う側としても便利ですが、半面、それによって価格競争が生まれるのも事実です。

個人店は、その価格競争に巻き込まれてはいけません。個人店が価格競争に巻き込まれたら大手と競うことはむずかしいでしょう。

個人店は、〝こだわり〟を伝えて適正価格で売ればいいのです。そして、**早期の結果を求めるのではなく、長い目で見て根気よく取り組み続けることが重要です。**

すぐに結果を求める気持ちはわかります。私も若い頃は、早く結果を出したくてしかたがありませんでした。地道な努力をしないで、ひたすら結果だけを追い求めていたのです。すぐに結果が出なければまた他の方法を探しはじめる、という有り様でした。

その繰り返しだったので、なかなか結果を出すことができませんでした。

王貞治さんの言葉に、「努力は必ず報われる。もし報われない努力があるのならば、それはまだ努力と呼べない」というものがあります。

若い頃にこの言葉を聞いたとき、「王さんくらい特別な人だから、言えることだ」と思っていました。しかし、年を重ねると考え方が変わってきて、「結果を出すとは、そういうことなのかもしれない」と思えるようになりました。

大切なのは、すぐに結果が出なくても焦らずに取り組み続けることです。たとえ商品の売れ行きが上がらなくても、〝こだわり〟の商品を適正価格で売り続けるしかない。いまではそう思えるようになりました。

そして、その先に価格競争に巻き込まれることなく事業を継続する道が拓けてくるのです。

お金をかけなくてもＰＲできる方法

〝こだわり〟の商品ができれば、誰しも多くの方に知っていただきたいですよね。

大型店は、あらゆる手法を使って商品をＰＲしています。潤沢な予算があるので大々的な広告をうつことができます。しかし、個人店ではそれがかないません。できたとしても、費用対効果は見込めません。

インターネット広告も同じです。個人店でも有効なケースはありますが、どうしても経費がかかってしまいます。

そこで、私は考え方を変えてみました。

個人店は、大型店のように多くの方に知っていただく必要がないのではないか。つまり、自分たちの〝こだわり〟を求めているお客様だけに知っていただければよいのです。

小さなお店がお客様に知っていただく最適な方法は、「自作ホームページを検索結果で上位表示させること」。つまり、自作ホームページのSEO対策です。

SEOとは、「Search Engine Optimization」の略称で、日本語で表現すると「検索エンジン最適化」となります。

Google検索で1位表示されたことも

「英語だからむずかしそう……」

「費用がたくさんかかるんでしょ……」

そう思われる方もいるかもしれませんが、安心してください。SEO対策は、自分でできますし、自分でやれば経費はかかりません。

私は独学で、市販の「SEO対策本」を参考にして取り組みました。

最初はなかなか結果を出すことができず、独学では無理だと諦めかけたこともあります。

しかし、諦めずに続けていると、1年後くらいから効果が現れはじめたのです。2年後には検索エンジンの検索結果の1ページ目に表示されるまでになりました。

SEO対策で大切なのは、根気よく続けることです。まずは、気楽な気持ちで取り組み、結果が出るまで地道に続けましょう。

「諦めなければ、なんとかなる」くらいの気持ちで取り組んでみてください。毎日続けるのが苦手な方には、「検索順位チェックツールGRC」がおすすめです。私は、毎朝ここで検索結果をチェックするのが楽しみになっています。

「あなたから買いたい」を引き出すホームページづくり

「ぜひあなたから買いたい！」とお客様に言っていただけたら、これほど嬉しいことはありません。そのような言葉をいただくには、どうすればよいのでしょうか。

私が取り組んだのは、「生産者の顔が見える販売」。顔を見せることで信頼していただけるように心掛けたのです。

「生産者の顔が見える販売」といっても、ただ顔を見せるだけではありません。お客様にきちんと自分の想いを伝えることが必要です。想いが伝われば信用していただけます。信用されれば、「あなたから買いたい」といっていただけるのです。

ここで大切なのは、一方的に「伝える」だけではなく、きちんと「伝わる」ことです。「生産者の顔が見える販売」とはまさに、「想い」が伝わる工夫なのです。

では、「生産者の顔が見える販売」をホームページで実践するには、どうすればいいのか？　私もその点で悩み、苦心し続けてきました。

「やってみればうまくいくことがあるかもしれない」と、何かアイデアが浮かべば、とにかく実践してみました。

「農作業に励んでいるようすを見ていただければ、想いが伝わるかもしれない」と考えて、「できごと○○○○」というページを作りました。

ただ顔を出すだけでは意味がありませんから、このページでは農作業や茶園のようすを伝えたのです。そのため、写真は頻繁にアップしています。そうすることで、私たちの想いを伝えることができると考えたのです。

「できごと〇〇〇〇」ページを作ってから、相乗効果もありました。ホームページに荒れた茶園の写真は掲載できませんから、茶園管理に一層励むようになったのです。

茶園がよくなると、茶園の写真をアップするのが楽しくなりました。文章で、「自信があります！」と書くより、パッと見ただけでわかる情報発信ページのほうが想いは伝わりやすいのです。

もちろん、売り上げにも効果てきめんで、「できごと〇〇〇〇」ページを作ってから注文が増えました。

ぜひ、「生産者の顔が見える販売」を目指してみてはいかがでしょうか。

ネットで売れるポイントは2つの〝こだわり〟

自作ネットショップは、経費はそれほどかかりませんので、個人経営の力強い味方となります。

一方で、ネットショップには多くの類似商品との価格競争があります。その価格競争に巻き込まれたら経営を安定させることはできません。ですから、〝こだわり〟の商品を作り適正価格で売ることが大切になります。

どのような〝こだわり〟にするのかも、思案が必要です。

23ページで失敗談としてお伝えした、無農薬茶は思いつきではじめたものでした。無農薬栽培自体は、素晴らしい〝こだわり〟ですが、それを実現させるのは簡単ではありません。それなのに、私は生半可な決心で取り組んでいたのです。それでは成功できるはずもありません。

私は、無農薬茶をものにすることはできませんでしたが、無農薬に取り組んだことでネットショップにおいて大切なことを学びました。その1つが、〝こだわり〟はお客様が求める〝こだわり〟でなければ意味がないということです。

無農薬茶への取り組みは、お客様が求めている〝こだわり〟とはどういうものなのかを真剣に考えるきっかけとなりました。

また、生産者直販に大切なことも学びました。

無農薬茶はどんな人が作ったのかわからなければ信用されません。ですから、無農薬茶へ取り組んだことが、我が家の〝こだわり〟である「生産者の顔が見える販売」に繋がったのです。

このことから、我が家の〝こだわり〟は「生産者の顔が見える販売」となりました。

しかし、**売り方の〝こだわり〟だけでは商品は売れませんでした。やはり商品自体にも〝こだわり〟がなければ売れないのです。**

時間はかかりましたが、〝こだわり〟の商品である「味が濃くてコクがある深蒸し茶」を作ることができました。

「生産者の顔が見える販売」という〝こだわり〟の売り方と、「味が濃くてコクがある深蒸し茶」という〝こだわり〟の商品。この**2つの〝こだわり〟を自作ホームページで伝えはじめると、売れるようになってきました。**

諦めずに続けていれば、誰もがこのような〝こだわり〟を生み出すことはできると思います。大切なのは、諦めずに自分の〝こだわり〟を追求し、それを自分の言葉で表現することなのだと思います。

「顔が見える」から信頼関係が生まれる

信頼は、人間関係を良好にする要となります。

ホームページ、とくにネットショップにおいては、生産者や販売者の顔を見せることで、お客様との信頼関係を育むことができます。そこで、お客様に見ていただける〝顔〟を持つことが大切となります。

私でいえば、SEO対策に取り組む以前は、お茶を買っていただくことばかりを考えていました。「お客様のため」と思っていたことが、すべて「お茶を買っていただくため」だったのです。それではお客様に信頼していただくことはできません。

本当の意味での「お客様のため」を実践するには、お客様の気持ちを理解することが大切です。お客様の気持ちが理解できてはじめて、お客様の立場に立ったホームページが作れるようになると信じています。

その際、とても参考になるのが日常生活での人間関係です。

あなたの周りを見てください。相手のことを考えた言動ができている人は、信頼されていないでしょうか？　普段の生活でそれを心掛ければよいのです。

相手のことを考えた言動ができるようになれば、「ホームページに何が求められているのか？」もわかるはずです。それが、「どんな情報を発信すれば信頼を得られるのか？」へと繋がります。

「信頼」をもっと説明するならば、相手から信用されたうえで期待に応えること。そして、相手に頼られることです。

お客様から信頼されるには、見ていただける〝顔〟を持つことです。飾り気のある言葉は必要ありません。きらびやかなキャッチフレーズがなくても、相手の立場に立った、嘘偽りのない言葉で自分の想いを伝えればよいのです。お客様は、あなたの正直な言葉は信じてくれるはずです。

お客様の「困った」を解決する

個人店の強みは、専門性が高いことです。専門性が高ければ、大手ではむずかしい細やかなサービスを提供することができます。**具体的に行うのは、お客様の「困りごとを理解**

し、**解決する」情報発信をすることです。**

販売商品の利点や欠点を一番よく知っているのは作った本人です。その商品がどんなものかを深く掘り下げていけば、お客様が抱えている悩みや問題が見えてきます。それを解決してあげればよいのです。

私が販売している「深蒸し茶」で考えてみましょう。

「深蒸し茶」は、茶葉が粉《こな》れている（粉っぽくつぶれている）ので、急須の網が詰まりやすいという欠点があります。この欠点があるので深蒸し茶の購入をためらう方もいるでしょう。

そこで、私は網が詰まりにくい急須を探して、簡単な急須のお手入れ方法を知りました。その学びから「急須のお手入れ」というページを作り、急須の網を外した掃除方法も写真を使って説明しました。

具体的には、コーティングしてある茶こし網は、たわしで強くこすると痛めてしまいます。そこで、薄めた中性液体洗剤で急須を満たして放置しておくというお手入れ方法を紹介しました。

こうした情報発信で「急須が詰まりやすい」という欠点を気にすることなく、深蒸し茶を購入していただけるようになるかもしれません。

「急須のお手入れ」ページの目的は、お客様の「困った」を解決するだけではありません。「お茶を急須で淹れて飲もう」という隠れたメッセージもあります。つまり、「お茶を急須で淹れて飲む」きっかけづくりになります。

さらに、お茶を急須で淹れて飲む方と出会うこともできます。

このように、お客様の「困った」を解決することが有益な情報提供になります。そして、信頼を得ることに繋がるのです。

仕事を細分化し、役割を明確にする

恥ずかしいことなのであまり触れたくはないのですが、若い頃の私は独断経営者でした。誰にも相談することなく、自らの判断だけで事業を推し進めていたのです。

たとえば、仕事のパートナーである妻に対しても、「俺の言うことをやっていればそれでいいんだ」という態度でした。
今にして思うと、妻は農作業をやらされているだけで仕事が楽しくなかったと思います。あのままでは、いずれ事業は行き詰まっていたでしょう。

考え方が変わったのは、自分1人では経営が成り立たないと気付いたからです。きっかけは、「自分で作った深蒸し茶を自分で売りたい」と思うようになったこと。「茶園管理」「製造」「再製加工」「袋詰め」「販売促進」「受注」「発送」、さらに「集金」まで多くの仕事をこなさなければなりません。実現するには、家族の協力は必要不可欠でした。「俺の言うことだけを聞け」というような経営者には、家族といえどもついて来てくれません。私は態度を改めるように心掛けました。

「自分で作った商品を自分で売る」には、仕事の役割を明確にする必要がありました。我が家では、私が販売、妻が通販の発送、息子が栽培・製造と問屋販売の責任を担っています。農作業は家族みんなで行います。

私が独断経営を改めて、分業制にしてからは、家族の信頼関係が深まりました。そのう

え、家族みんなが仕事にやり甲斐を感じるようになったのです。まさに、理想的な家族経営のかたちです。

これは家族経営以外にもいえることだと思います。

ましてや仕事の仲間が他人であるなら、一層の配慮が必要でしょう。従業員のモチベーションを上げることは、売り上げを上げるという意味でも重要だと感じています。

生き残る農家、消える農家　どこが違う？

農業はやり甲斐のある職業ですが、生き残るのはむずかしいです。事実、続けるのが困難になりやめてしまった方もいます。

では、生き残るためには何が必要なのでしょうか。

生き残るには消費者が求める農産物を作り、経営が成り立つ価格で売らなければなりません。そして、売れ続けなければ生き残ることはできないのです。

私は個人農家として生き残るため、「自分で売る」道を選びました。それを家族が容認してくれたので経営目標を家族で共有することができました。

家族みんなが同じ目標を持てば経営課題を話し合うようになります。とくに「販売価格」などの重要なことは1人で考えるよりも家族みんなで考えた方がよい案が浮かびます。

たとえば、我が家では100g詰めと200g詰めのお茶では、200g詰めの方が少しお得な価格設定にしてあります。

「なぜ?」と思われるでしょうが、それには理由があります。

100g詰めよりも200g詰めの方が袋詰め作業の効率がよいのです。小袋代も100g2枚より200g1枚の方が安いです。

ですから、私達としては200g詰めを買っていただく方が助かります。

些細なことかもしれませんが、積み重ねていけば作業効率がよくなります。農家直販では、このような工程が大切だと思っています。

我が家の場合、「自分で売る」という目標を家族で共有できたので経営が安定しました。

もしも、家族が同じ目標を持たずに考え方がバラバラだったら、どこに向かって進めばよいのかさえわからなくなってしまいます。

それでは、家族が足を引っ張りあうかもしれません。

若い頃の私のように、「俺の言うことをやっていればそれでいい！」では前に進むことはできないのです。


家族が同じ目標を持たなければ目先の利益を追い求めるようになります。それではやり甲斐のある経営を築くことはできません。

後継者も育ちません。安定経営を築くには家族の協力は必要不可欠なのです。

では、やり甲斐とは何でしょうか？

私が考えるやり甲斐とは、お金ではありません。たいへんな仕事でもありません。

やり甲斐とは、他人からはたいへんそうに見えても、やっている本人は苦労とは思わずにできることです。

言い換えれば、趣味のような感覚でできること。

私はそう思っています。

COLUMN

1日の売り上げが、たったの500円!?

以前、名古屋テレビ塔（現：中部電力 MIRAI TOWER）がある栄で、2日間開催されたマルシェに出店したことがあります。

マルシェとは食品などを販売する市場のことで、お客様との対面販売ができる醍醐味があります。

それなりに投資もした、このマルシェの結果はどうだったでしょう。

マルシェの隣で開催されていたイベントは、数万人規模なので集客力はかなりのものでした。

問題なのは私たちが出店したマルシェです。

マルシェの会場は、イベントへ向かう人たちがたくさん通るのですが、マルシェが目的の人はほとんどいませんでした。

それでも、私たちの隣のブースだった名古屋名物「鬼まんじゅう」屋さんには立ち寄るお客様がいました。一方、我が家のブースは閑散としていました。散々な結果に落胆していた私に、妻がかけた言葉はいまでも忘れることができません。

「1つも売れないと思ったけど、夕方になって500円のお茶が1つ売れたからよかった」

マルシェへの出店は大きな赤字となってしまいましたが、私は妻のおおらかな言葉に救われたのを覚えています。そして、「そんな気持ちでやるのもいいな」と思うようになったのです。

悪いことばかりではありません。お客様とゆっくりと話すことができたのです。そして、何より妻が楽しそうでした。

このように、マルシェやイベントへの出店はどのような結果であっても、決して無駄にはなりません。考え方1つで学べることはあるのです。

第2章

〝こだわり〟をうまく伝えられれば、売りたい値段で売れる

個人のネットショップがヒットするまで

私がホームページを立ち上げる前のことです。

ネットサーフィンをしていて、「自作ホームページ」を公開していたMさんと知り合いました。私がMさんの力を借りて自作ホームページを公開することができたのは、1999年2月3日のことです。

この出会いがなければ、私はネット販売の開始が大幅に遅れていたでしょうし、もしかしたらはじめることができなかったかもしれません。

いざホームページを公開したものの、14年間は全く売れませんでした。

しかたがないので、マルシェやイベントに出店して販売するようになりました。しかし、お茶の消費自体が低迷すると、マルシェでも売れなくなってしまいました。

「どうすればよいのだ」と思い悩んでいると、突然ホームページから注文が入ったのです。

「消費地のお茶専門店が閉店しはじめているのかも知れない」

「インターネットでお茶を探している方がいるのでは？」

そう考えた私は、ネット販売の売り上げを伸ばすために、「Yahoo!リスティング広告」をうってみました。

すると、驚くことに毎日のように注文が入るではありませんか。1年間で300人もの新しいお客様ができたのです。信じられませんでした。

ところが、1年ほどで広告の効果は下がりはじめました。広告の効果が下がると、追加で広告費をかけるようになっていました。次第に広告費がかさみ経営を圧迫するまでになってしまったのです。

マルシェに出店しても売れない。ネット販売は思うように伸びない。このままでは経営が行き詰まってしまう……。

息子もいろいろな努力をしていました。

農作業に励むかたわら、日本茶インストラクターの資格を活かして牧之原市認定農業者協議会主催の小学生向け「お茶教室」でメイン講師を務めたりしていました。

また、お茶を見る目も鍛えていました。そのかいがあって、全国茶審査技術競技大会に出場できるまでになり、個人戦で2位と6位に入ったことがあります。団体戦は2度とも優勝でした。

しかし、このままの経営状況では息子はやり甲斐を失ってしまいます。

私は、なにがなんでもやり甲斐のある農業にしなければなりませんでした。

まずは、ホームページをつくり直し、SEO対策に取り組みはじめました。なかなか検索結果で上位表示されるようにはなりませんでしたが、根気よく続けていると2年後に上位表示されるようになったのです。

SEO対策に取り組むのと同時に、高級茶販売にも力を入れはじめました。高級茶は利益率が高いので、売れれば経営が安定するからです。売れる高価格の商品を作ることが、当面の課題になりました。

試しに息子が作った「初摘み」を品評会へ出品してみたところ、上位に入り市長賞に選ばれたのです。すると、次第に「初摘み」が売れるようになってきました。

農家の生産者直販は、高品質農産物のほうがお客様の心をつかみやすいことを知りました。高品質茶とは一番茶（新茶）のことです。

高品質茶は〝こだわり〟を作りやすいので、その〝こだわり〟を伝えられれば気に入ってくれるお客様は必ずいます。

個人のネットショップが成功するコツは、高品質商品を作り、適正価格で売ることにあるのです。

なぜ牧之原台地の深蒸し茶は日本一おいしいのか？

静岡県の牧之原台地は、深蒸し茶の生産量が多いのはもちろんのこと、その品質も非常に高いことで知られています。

その理由の1つに、長い期間をかけて深蒸し茶の生産技術を培ってきたことが挙げられます。その歴史は日本一古いのです。

現在の牧之原台地は一面が茶畑になっています。なぜなら、明治維新で職を失った武士たちが勝海舟の尽力で荒廃していた牧之原台地の開拓に入ったからです。

牧之原台地にお茶が植えられた理由は、栽培に大量の水を必要としないため。お茶は水がない牧之原台地に適した作物だったのです。加えて、牧之原台地の土質が栽培に適していたことも、現在のようなお茶の一大産地になった理由に挙げられるでしょう。

その後も牧之原台地にはお茶が植えられ続け、現在のような大茶園となりました。

お茶の苗を植えた数年後には茶葉が収穫できるようになりました。しかし、当時は製茶機械がなかったので、お茶は手で揉むしかありませんでした。ですから、多くの茶手揉み職人がお茶を揉んでいました。

牧之原台地は日の出から日没まで日が当たるので、日照時間が長くなります。日照時間が長い土地で育った茶葉は、葉肉が厚い。そのため、普通に蒸して製造すると苦渋味《くじゅうみ》が出てしまいます。そこで、蒸し時間を長くして製造する技術が考案されました。

当時、手揉み茶流派「誘進流」を名乗る戸塚豊蔵という手揉み茶師がいました。豊蔵は、「安楽揉み」を考案した手揉み茶師です。

「安楽揉み」とは、蒸し時間を長くした茶葉に無理な力をかけずに揉みあげる手揉み茶技法のことです。揉みあげた手揉み茶は、日本茶の一種である「ぐり茶」のようによれていました。これが深蒸し茶の原点といわれています。

生産者の〝こだわり〟から生まれたのが、深蒸し茶なのです。

牧之原台地には、「農業・食品産業技術総合研究機構果樹茶業研究部門茶業研究領域（金谷茶業研究拠点）」と「静岡県農林技術研究所茶業研究センター」があり、近くには、製茶機械や茶園管理機メーカーの本社があります。

牧之原には数多くの製茶工場がありますが、そのほとんどで「深蒸し茶」を生産しています。加えて、牧之原には深蒸し茶生産農家の研究会があり、さまざまな情報交換をして切磋琢磨しています。

このように**牧之原には、深蒸し茶を作る条件が揃っています**。これで日本一でなければ、牧之原の茶農家は使命感を問われてしまいます。

「静岡茶」と「深蒸し茶」の違い

静岡県は年間を通して温暖で、雨も適度に降ります。

この気候は、お茶の栽培に適しているので静岡県はお茶の一大産地となりました。

静岡県内にはいくつかの茶産地がありますが、それらの各茶産地では、その地域に適したお茶が生産されています。

深蒸し茶は日照時間が長い地域が適している一方、普通煎茶は朝霧が立つ中山間地が適しています。

ちなみに、静岡茶は産地、深蒸し茶は種類です。**静岡県内の各茶産地で生産されるお茶の特徴はそれぞれで異なりますが、静岡県内で生産されたお茶はすべて「静岡茶」といいます。**

煎茶を大きくわけると、普通煎茶と深蒸し茶になります。

深蒸し茶は、蒸し時間を長くして製造したお茶なので、蒸し時間が長ければどこで生産したお茶でも深蒸し茶となります。

お茶は新茶、二番茶、秋冬番茶などの収穫期でも分類されます。

新茶とは前年の秋から春まで、半年掛けて成分を蓄積した新芽を原料にして作られたお茶のこと。お茶の中で最も成分が多く含まれているので品質が高いのです。

一方で二番茶は、新茶収穫後50日くらいで収穫した芽を原料にして作っているので、新茶のように成分が多く含まれていません。

せっかくの機会ですので、お茶について簡単にご説明したいと思います。
玉露・かぶせ茶は、収穫前に遮光して品質を高めたお茶です。
ほうじ茶・玄米茶のように再製加工方法での違いもあります。
粉茶・棒茶は、再製加工途中で外されたお茶を原料にしています。
釜炒り茶・蒸し製玉緑茶などは、製造方法の違いを表しています。
紅茶・ウーロン茶も製造方法で分類されたお茶といえます。
「やぶきた」「さえみどり」「つゆひかり」などは、品種での分類となります。

製茶問屋はいろいろなお茶をブレンドして独自のお茶を作っています。ですから、製茶問屋のお茶はバランスのとれた一般流通向けのお茶が多いです。

一方、**茶農家のお茶は、ブレンドしていないので個性的なお茶が多いです。ここにビジネスのチャンスがあります。**

余談ですが、各製茶問屋で作っているお茶の特徴は異なるので、独自のお茶を作るのに必要な荒茶を仕入れています。

極端な話、低価格を重視する製茶問屋は価格さえ安ければどんなお茶でも仕入れるし、品質を重視する製茶問屋は自社製品に必要なら高くても仕入れます。

このような違いを踏まえたうえでお茶を選んでいただければ、また違った楽しみ方ができると思います。

おいしいお茶は〝こだわり〟からできている

お茶は、工業製品とは違って全く同じお茶を作ることはできません。ですから、茶農家にはそれぞれの〝こだわり〟があります。

たとえば、茶園管理が変われば原料となる生葉の特徴は異なります。我が家の茶園はいくつかの圃場《ほじょう》に分かれていますが、管理方法は同じです。それでも、茶園が変われば生葉の特徴は異なります。

日が経てば生葉は成長しているので、できあがったお茶の品質は異なります。どんな農作物でも、産地や生産者が変われば生産される農作物の特徴は異なるのです。そのため、それぞれの農作物に適した産地があるのです。

お茶の場合は製茶工場が変われば、製茶機械や製造方法が異なります。お茶を製造するお茶師の考え方が異なると、できあがったお茶の特徴も異なります。**お茶に限らず農業は自然が相手なので、全く同じ農作物を作ることはできません。そこが農業の面白いところであり、農家の腕の見せどころでもあります。**

我が家の深蒸し茶の〝こだわり〟は、普通の深蒸し茶よりもさらに蒸しを進めていることです。蒸しが進めてあるのに茶葉が粉っぽくないのが特徴で、粉っぽくないということは急須の網が詰まらないということになります。

この深蒸し茶を作るには、長い年月を要しました。

永年作物であるお茶は、結果が出るまでには時間がかかります。思い通りの結果が出ないことはめずらしくなく、試行錯誤を繰り返してきました。結果は数年単位で判断しなければならないのです。

しかし、苦労話は生産者の都合であって、お客様の多くは苦労話まで聞きたいとは思っていません。〝こだわり〟の生産方法よりも、自分の好みにあったお茶を提供してくれればそれでよいのです。

私は〝こだわり〟を伝える際には、専門的な説明になりすぎてうさん臭く思われないように気を付けています。

納得できる商品を作るには、お金と工夫が必要

煎茶は、製造するときの蒸し時間で〝普通煎茶〟と〝深蒸し茶〟に分かれます。「何秒までが普通煎茶で、何秒以上が深蒸し茶」と一概に決まっているわけではなく、普通煎茶は「35秒前後」、深蒸し茶は「90秒以上」蒸すと言われています。ちなみに、普通煎茶と深蒸し茶の間に〝中蒸し茶〟もあります。

お茶の製造で蒸しは最も大切な工程なので、茶師がどんなお茶を作りたいのかで蒸し機の設定を調節します。

蒸しは茶葉に命を吹き込む大切な工程なので、できあがるお茶の特徴は蒸しひとつで決まるといっても過言ではありません。蒸しはお茶師の腕の見せどころです。

繰り返しになりますが、我が家の深蒸し茶は一般的な深蒸し茶よりも、蒸しを進めてあります。蒸しを進めるといっても、どんな生葉でもいいわけではありません。その蒸しに耐えられる生葉を育てる必要があるのです。

そこで、茶樹の栽培方法を見直しました。

「市販の配合肥料を使えば楽だけど、それでは蒸しを進めることができない」

そう思った私は、茶園へ施す配合肥料を材料にこだわって自分で作ることにしました。この自家製配合肥料の原料には、飼料用魚かすや圧搾菜種かすなどを入れています。油分が多く含まれている肥料は肥料効果が長持ちするので、茶葉の葉肉が厚くなると考えたのです。

茶樹の仕立て方も工夫しましたが、1年で結果は出ません。ですから、自分のやり方を信じて続けるしかありません。もしやり方が間違っていると、数年先に待っているのは……。

そんな苦労があるなかでも、普通の深蒸し茶よりも蒸しを進めるのは、こだわりの商品に未来があると思ったからです。「味が濃くてコクがある深蒸し茶」の生産を目指す日がはじまりました。

最初は、いきなり蒸しを進めてみました。しかし、できあがった茶葉は粉っぽくなってしまったので、急須の茶こし網が詰まり飲みにくい深蒸し茶となってしまいました。それではお客様に気に入っていただけません。

蒸しを進めるにはそれに耐えられる茶葉を育てなければならないため、前述のように、原料にこだわった配合肥料を自分で作って茶園へ施しはじめました。しかし、肥料だけでは茶葉は厚くなりませんでした。

肥料の次は、茶樹の仕立て方を工夫しました。すると、茶葉の葉肉が厚くなりはじめたのです。

茶葉の葉肉が厚くなったら、次は製造方法を工夫しなければなりません。そこで、蒸胴が長い蒸し機を導入しました。蒸胴が長ければそれだけで蒸し時間を長くすることができるからです。

蒸しを進めた茶葉は多くの水分を含んでいるので乾きにくくなります。ですから、蒸し直後の工程である葉打ち機の火炉を大きくしました。葉打ち機の火炉を交換するときは、当時の火炉の能力を製茶機械メーカーに調べてもらったうえで、通常よりも大きな火炉にしました。

これらの工夫は、予算の関係で1度にはできなかったので順次行っていきました。**自分で納得できる深蒸し茶を作るには工夫とお金が必要なのです。**

思うような結果が出ないことはたびたびありましたが、自分が考えた通りの結果を出せると本当に嬉しいものです。

もちろん、失敗をすることも一度や二度ではなく、その度に再考しなければなりません。しかし、それが仕事のおもしろいところであり、やり甲斐でもあるのです。

生き残る道は消費者への直接販売だけ

小さな農家が生き残るための有効な手段は「消費者への直接販売」にあると考え、実行してきました。家族の性格と価値観を考慮したうえで、最終的に「自分で売る」道を選んだのです。

その思いが強くなったのは、友人が紹介してくれたイベントへの出店がきっかけでした。そこでイベント出店の楽しさを知ったのです。

はじめて出店したイベントで、試飲のお茶を飲んだお客様が「このお茶がこの値段で買えるの？」と言ってくれました。

お客様が喜んでくれる姿を目の当たりにして、本当に嬉しかったのをいまでも覚えています。

息子が一緒に出店したときには、お客様から「お兄ちゃんガンバって」と言われて息子が嬉しそうな顔をしていたのも覚えています。

そうした体験が、「自分で売りたい」という気持ちを強めていったのです。

自分で売る道を選んだからには、〝こだわり〟の商品、私で言うなら〝こだわり〟の深蒸し茶を作らなければなりませんでした。

そのとき、最も悩んだのが「どんな〝こだわり〟にするか」でした。

〝こだわり〟は時間をかけて作り上げたものでなければ、お客様に信用していただけません。

当時の我が家のお茶は、粉っぽくて急須の網が詰まりやすいという欠点がありました。お客様から「おいしいけど、この味で急須の網が詰まらなければもっとイイんだけど」という言葉を何度となくいただいていたのです。

その言葉が我が家の深蒸し茶を改善するきっかけになりました。

長い年月が掛かりましたが、蒸しを進めてあるのに粉れていない深蒸し茶を作ることができました。

すると、お客様からありがたい言葉をいただけるようになったのです。

「おいしいお茶をいつもありがとうございます」

「こんなお茶があるなら、もっと早く知りたかった」

「お茶づくり頑張ってください」

このような言葉をいただけたら、やり甲斐が生まれますよね。

こうして、我が家の生き残る道は、消費者への直接販売となったのです。

ECは適正価格で　1万人に1人が買ってくれればいい

個性的な商品ほど、万人には好まれません。小さなお店が販売する商品は、それでいいと私は思っています。

我が家では万人に好まれる深蒸し茶の生産を目指しているわけではありません。お茶は嗜好品なので、人それぞれ好みは違います。一般的にはうまみのあるお茶が好まれますが、我が家のお茶はうまみのあるお茶とは言えません。

それでも「おいしい」と言ってくださり、購入してくださるお客様はたくさんいます。それは、我が家でしか出せない個性的な味が評価されているのだと思っています。

では、個性的な商品は、どのように作ればいいのでしょうか。

たとえば、お茶好きの中には渋いお茶を好む方もいます。

しかし、渋いお茶を好む方は少数なので渋いだけでは売れません。渋いお茶を売るには、お客様が納得する〝こだわり〟がなければ飲んでみたいとは思っていただけません。

渋いお茶でも、お客様が納得できる理由があり、それをうまく説明できれば売れる個性的なお茶になるはずです。

ネットでは、うまみのある「おいしいお茶」を販売したとしても、「もっとおいしいお茶」があればお客様はそちらに行ってしまいます。ですから、ネットでは、どこにでもあるお茶よりも、ひと味違う個性的なお茶の方が売れると私は思っています。

そして、個性的なお茶は特定のお客様から長く飲んでいただけるようになります。

さらに、「あなたが作ったお茶だから飲みたい」といっていただけるようになれば最高なのですが。

ところで、我が家の深蒸し茶はどうなのでしょうか。

我が家のお茶を「こんなお茶はおいしくない」と嫌う方もいるでしょう。ですから、我が家のお茶に興味を持った10人に1人、いや100人に1人が気に入ってくれればそれでよいのです。

日本の人口からいえば1万人に1人が気に入ってくれれば、それで十分なのです。

我が家のお茶を50回以上リピート購入してくださっているお客様が何人かいます。本当にありがたいことです。

それは、他にはない個性的で特徴のあるお茶だからだと思っています。

しかし、お客様を見つけるには多くの方に知っていただいて、試しに飲んでいただかなければなりません。その最適な方法が、自作ホームページを立ちあげて検索結果で上位表示させることです。

そして、小さなお店は「適正価格」で売ることが大切になります。

適正価格とは、経営が成りたち、自分でも買ってもよいと思える価格です。ですから、販売価格はしっかりと考えて決めなければなりません。

適正価格は信用にも繋がります。

反面、極端な安売りは信用を失う場合があります。農家直販は安売りに走りやすいのでとくに注意が必要です。

「生産者の顔が見える販売」は、嘘偽りのない情報を発信し適正価格で売ることで実現できるのです。

COLUMN

自作ネットショップを開店できた本当の理由

「誰もやっていないから売れるだろう」

そんな安易な考えから私はネットショップを開店しました。

本気でなかったにもかかわらず開店できたのには理由があります。それは前述のインターネット上で知り合ったMさんが、若い女性だったからです。

当時の私はMさんとのメール交換が楽しくてしかたがありませんでした。このような心理は、共感してくださる方もいると思います。

もちろん、**世代間でのコミュニケーションや、普段は接することができない遠く離れた人と交流するのはとても楽しいものです。このような経験ができるのもインターネットならではだと思います。**

あらためて、私がネットショップをはじめたときのことを振り返ってみたいと思います。

その当時、Windows95が発表されて、私でもパソコンが買える価格になりました。そして、我が家でもパソコンを導入することができました。

兄がそれ以前からパソコンを持っていて、「パソコンはとても便利だ」と良く聞かされていました。ですから、私もパソコンに興味を持っていたのです。

最初はワープロとしての使用がメインでしたが、インターネットが繋がるとネットサーフィンに夢中になりました。当時のプロバイダーは接続時間に比例して料金が加算される方式だったので1カ月で数万円支払ったこともありました。

そんな中で、私はMさんの記事を読むのが楽しかったのです。Mさんにメールを送ると、いつも返事をくれました。それから頻繁にメール交換をするようになり、だんだんと親しくなっていきました。

家族みんなでMさんに会いに行ったこともあります。いまでは信じられないことですが、子どもたちはMさんのお宅に泊めていただきました。

その後、Mさんは自作ホームページ作成方法の書籍を出版しました。

私はMさんの著した本を参考にしながらホームページを作成していたので、わからないことがあれば著者本人に教えていただくことができたのです。

これで公開することができなければ、Mさんに申し訳なくなってしまいます。ですから、私は自作ホームページを公開することができたのです。

では、なぜ私は自作ホームページをこれだけ長く続けられたのでしょうか。

それは、**楽しみながら趣味感覚でやってきたからです。**

ホームページの内容は私が関心のあることを主軸にしてきました。普段の生活の中で起きた些細な出来事などを記事にするのです。

例をあげると、私の行きつけの理髪店のご主人はいろいろな情報を持っています。その話を聞くのが楽しいので、私はこの理髪店に長年通っています。

たとえば、「松本駅のおいしい立ち食いそば屋では、並盛りでも大盛りでも同じ価格だった」と聞いて、実際に行ったことがあります。また、岐阜県の曽木公園の「逆さ紅葉は幻想的で普通の紅葉とは違った趣がある」と聞いて行ったこともあります。

散髪業界も競争があると思いますが、この理髪店のご主人はお客様との会話を楽しみながら仕事をしています。しかも、その会話はお客様の興味を引くものです。

私は、この理髪店のご主人の姿勢をホームページづくりの参考にしています。

第3章

お客様の気持ちを理解した文章術

「こんなお茶があるならもっと早く知りたかった」

お客様のお言葉は宝の宝庫です。

たとえば、「こんな深蒸し茶があるなら、もっと早く知りたかった」という、ありがたい言葉をいただいたことがあります。

これは、私にとってとても大切なものとなりました。我が家のホームページ「大茶園の小さな農家」のトップページの最上部に掲載したこともあります。meta description タグ（検索結果で表示されたときのホームページ紹介文）にも使っていました。

最初はせっかくお客様からいただいた言葉だと思って、「こんな深蒸し茶があるなんて、もっと早く出会いたかった」と修飾して使っていました。

その当時は、「初めて口にしたお茶への感動をうまく表現できた」と自分では思っていました。しかし、お客様からの反応はありませんでした。

そこで、前述のような口語に替えてみると反応があったのです。修飾して使っていたときは、私の自己満足でしかなかったのだと今ではわかります。

お客様は、修飾した言葉では信用してくれません。小さな違和感も敏感に感じとるのだと思います。酒落た文章が大切なのではなくて、本当に大切なものは中身にあるのです。

ホームページに掲載する文章は、さり気ない方が効果的なようです。「これなら間違いない」と思えるキャッチコピーができたとしても、検証は必要です。もし反応がなければ結果を受け止めて、よりシンプルなものにしましょう。

しかし、キャッチコピーは大型店には有効ですが、我々のような個人店にはそれほど効果はないと思っています。いくら素晴らしいキャッチコピーができたとしても、多くの人に見ていただくのがむずかしいからです。

ちなみに、キャッチコピーを考える際は、結果を出している方の著作を参考にしています。

ただし、新規顧客の心をつかむ文章は、効果があった事例を真似するだけではうまくいきません。私も、なぜそうなのかを理解できないまま真似をしていたころは結果を出すことができませんでした。

「なぜそうなのか」を理解できるまで考察することが大切です。

理解するためには本を読むことが大切ですが、私は本を読んだだけでは効果を出せませんでした。ですから、妻と一緒に著者の講演会に参加したこともあります。それでも理解したとはいえませんでした。結果まで結びつけるようなキャッチコピーを出すには、自分なりに考察し、落とし込むことが大切なのです。

私は日々、言葉での表現方法を勉強しています。言葉の学びを蓄積できたので、現在のホームページ「大茶園の小さな農家」があるのだと思っています。

「生産者の顔が見える」とはどういうことか？

私は「生産者の顔が見える販売」を心掛けています。それは、我が家で発行しているダイレクトメール「茶ちゃちゃ通信」とホームページ「大茶園の小さな農家」で実践しています。

重視しているのは、自分たちの想いを正直に伝えること。想いを伝えるには、まず掲載した文章を読んでいただくことが大切なので、読者が親しみを感じるような内容にしなければなりません。


ダイレクトメール「茶ちゃちゃ通信」では、売り込みよりも想いを伝えることを重視しています。農作業や茶園のようすに加えて、地域情報や我が家の出来事なども掲載しているのです。

だいぶ昔のことですが、娘が高校に進学することを掲載したことがあります。娘はのんびり屋受験生だったのですが、なんとか第一志望の高校に合格することができました。

そのときのダイレクトメール「茶ちゃちゃ通信」には、次のような記事を掲載しました。


「娘は高校に入ったら携帯電話が欲しい。」と言っていますが、まだ早いからと許していません。

娘は、「携帯電話は自分が貯めたお金で買うから、そして維持管理費は家のお手伝いをするので助けてください。」と言ってきました。

その後、娘は夕食の後片付けを１回２００円でするようになりました。今までに貯めたお金で携帯電話を買い、維持管理費は夕食の後片付けで稼いで払うという約束を妻としたのです。

いつまで続くかわかりませんが、今のところ頑張っています。妻は「娘が家事を手伝ってくれるなんて思ってもいなかった。」と喜んでいます。

娘は、意外と手際良くやるので、妻は感心しています。

「もしかしたら私よりも手際がいいかもしれない。」と、笑っていました。


この記事を読んで、お祝いに図書券を送ってくださったお客様がいました。娘は、お礼状に「この図書券ではマンガを買うことはできません」と書いていました（笑）。

販売商品には関係ない記事でも、それを読んだお客様は販売者の人となりを感じてくれるのですね。

私たちに親近感を抱いてくれれば、単なる**売り手と買い手の関係だけではなくなると思っています。やがて、これが「生産者の顔が見える販売」につながるのだと思えたのです。**

ホームページでも同じような「生産者の顔が見える販売」を目指しているのですが、ダイレクトメール「茶ちゃちゃ通信」と同じようなことは書けません。

なぜならダイレクトメール「茶ちゃちゃ通信」は身元がわかっている人だけに送っているからです。ホームページは不特定多数が閲覧することができるので、ホームページにはプライベートに触れることは怖くて書けません。

ホームページにはどのような記事を書けばいいのか、悩みました。

ライティングの教本を読んで文章に磨きをかける努力をしましたし、農作業の写真を頻繁にアップするなどビジュアルにも一層こだわるようになりました。

そして、ホームページに我が家のストーリーを書いてみることにしました。具体的には、「小さな成功→挫折→挫折から立ち直り成功→また挫折→新たな挑戦→現在」という内容です。

《ホームページ「大茶園の小さな農家」より》

1999年2月3日、私は「生産者の顔が見える通販」をめざして自作ホームページを立ちあげました。

（このホームページのはじまりです。）

そして、お茶を売りはじめました。

しかし、「深蒸し茶を販売はしているけれど注文が入らない」そんな状態が14年くらい続きました。

まわりの茶農家は大型機械を導入して規模拡大をしていました。

私は、「このままで良いのか？」と不安になったこともあります。

そこで、消費地（静岡県内・東京・愛知・大阪など）で開催されるイベントやマルシェに出店するようになりました。

多い年は、1年間で50日ほど出店したことがあります。

忙しかったです。

それでも、最初のうちは売れていたので楽しかったのですが、年々売れなくなり……。

出店料と交通費さえ足りなくなってしまったのです。

２０１３年５月、突然、ホームページから注文が入りました。

お茶の消費は低迷しているのに、なぜ？

しばらく考えていると……

もしかすると、

「消費地の日本茶専門店が減ったのでは？」

「お茶好きの方がインターネットで新茶をさがしているのかも？」

そう思った私は、検索エンジンに広告を出してみました。

すると予想以上の反応があったのです。農繁期に注文が入りすぎて、お客様への返信メールが書けなくなるほどでした。注文した方は、本当に注文できているのか不安だったと思います。

ですから、買い物かごやカード決済、自動返信メールなどの機能が付いたサイトを専門会社につくっていただきました（注文するサイトです）。

その後は、いくら注文が入っても困ることはありません。

しかし、お茶の消費はさらに低迷していったのです。

広告の効果が下がると、私はさらに多くの広告をうつようになっていました。次第に広告費がかさみ、経営を圧迫するまでになってしまったのです。

「このままでは経営が行き詰まる」

そう思った私は、２０１９年末に独学でＳＥＯ対策にとり組みはじめました。

（ＳＥＯ対策とは、検索エンジンで上位表示させる対策です。）

簡単に効果がでるとは思っていませんでしたが、やはり現実は厳しいものでした。

しかし、根気よく続けていると少しずつ効果が現れはじめたのです。

２０２１年11月には、「深蒸し茶　静岡　通販」の３キーワードで検索すれば検索結果の１ページ目に表示されるまでになりました。

「ＳＥＯ対策は、当たり前のことを当たり前にやるだけ」で良いのですが、その当たり前が私には理解できなかったのです。

今でも、検索すれば１ページ目に表示されています。ここまでくるのには長年かかりましたが、諦めなくてホントによかったです。

今は次の挑戦をしているところです。

「なぜ希少なのか」を徹底的に書く

辞書で「希少」の意味を調べると、「数が少なくて珍しいこと」「きわめてまれなこと」とあります。希少な商品とは、数が少なくて珍しいものであり、きわめてまれなもの、となります。

「希少」は〝こだわり〟と近い意味があるかもしれません。こだわりに置き換えると、「こだわりの商品とは、数が少なくて珍しいものであり、きわめてまれなもの」となります。これは、小さなネットショップの運営にも活かせるポイントとなります。

事実、どこにでもある〝こだわり〟では、差別化はむずかしいでしょう。とくにネットで売る場合は、ほかにはない〝こだわり〟が必要なのです。

私が販売している深蒸し茶を例に考えてみたいと思います。

多くのお客様は、店頭販売されている大手メーカーの深蒸し茶で十分だと思っているでしょう。

しかし、お茶好きの方は自分好みのお茶を探している場合が多いはずです。なぜなら、

第3章

我が家がイベント出店したときは試飲のお茶を多くの方に飲んでいただけるからです。

多いときは1日で1500杯ものお茶を飲んでいただいたことがあります。イベントでの開店時間を6時間とすると、1時間で250人に飲んでいただけたことになります。お湯を沸かすのが間に合わないくらいでした。

試飲のお茶を飲んでくださる方は、自分好みのお茶に出会いたいと思って試飲してくださるのだと思います。

このような経験から、自分好みのお茶を探している方は多いのだと思うようになりました。

話を戻すと、インターネットではどこにもない〝こだわり〟の商品でなければ差別化はできません。

お茶に関心のある方は、インターネットで自分好みのお茶を探す方もいるでしょう。そんな方は、飲んでみたいと思えば注文してくれます。

そうなるためには、販売商品の〝こだわり〟はなぜ希少なのかを徹底的に書く必要があります。

また、お茶に興味がある方は、お茶の歴史などにも興味を持っていることがあるようです。

我が家のホームページには「アヘン戦争」や「ボストン茶会事件」の説明を書いたページがあります。この2つのページはトップページと同等のアクセス数があります。

見ている方は、それらのキーワードを直接入力して検索し、我が家のホームページにたどりついているようです。

このようなキーワードで我が家のホームページを訪れてくれた方がお茶を購入したいと思ったときに、ホームページ「大茶園の小さな農家」を思い出してくれるかもしれません。

販売しているお茶に〝こだわり〟があれば、なおさら記憶に残っているのではないでしょうか。

「数の少ない〝こだわり〟」を徹底的に書くことで、希少性を伝えることができるのです。

ここで大切なことは、専門用語を使った長文で書くことではありません。**徹底的に書くとは、「徹底的に考えて書く」ということ。具体的には、簡潔な文章で伝わるように書くことです。**

一例を挙げると、ホームページ「大茶園の小さな農家」のトップページには、次のような文章を掲載しています。

これがベストだとは思いませんので今後書き直す可能性もありますが、とりあえずの参考にしてみてください。

ひと味違う深蒸し茶
お届けしている深蒸し茶は、コクがあるのに茶葉はこなれていません。
市販されている深蒸し茶ではもの足りないと感じている方、ぜひお試しください。

何気ない写真でも、数百枚撮ったうちのベストショット

ホームページに掲載する写真は、何枚も撮った写真の中から厳選しています。どこにでもある写真では、〝こだわり〟も〝想い〟も伝わりません。

とくに気を使っているのは、販売者・生産者の顔写真です。

とはいえ、記念写真のような顔写真では、人柄は伝わらないですよね。**私が顔写真で最も気を使っているのは「目」です。**

「目は口ほどにものを言う」というように、目によって表情は大きく変わります。目で信用していただけるかどうかが決まると言っても過言ではないでしょう。

人と話すとき、相手の目を見ていなければ本心はわかりにくいですよね。目を見て本心を察することもあります。それぐらい目は大切なのです。

ホームページに掲載する顔写真に気を使うようになって、嬉しいことがありました。

「奥様の写真を見て、信用できそうだから注文してみました」と言ってくださったお客様がいたのです。

そのお言葉をいただいて、顔写真は本当に大切だと再認識しました。

撮影するコツは、書籍や雑誌、ネットで数多く紹介されているますのでそちらに譲るとして、私からお伝えしたいポイントは、「気に入った写真が撮れるまで撮り続ける」です。

先ほどの妻の写真を撮るときに気を付けたのは、妻がご機嫌な時に頼んで撮影したということです。

最初に撮ったときは気に入った写真が撮れなかったので、別の日にちょっと高価な和菓子を用意して撮り直しました。

そのときに撮った妻の顔写真の枚数を数えてみると、１４３枚ありました。その中から私が一番気に入った写真を選んで掲載しています。顔写真はそれくらい気を使う必要があると思っています。


また、農作業の写真は小さな違いも大切にしています。

天候、場所、時間、撮影方向、背景などで写真の雰囲気は大きく変わるからです。とくに茶園や新芽の写真は、他との違いがわかるものを選んでいます。

写真は文章では表現できないことを補うこともできます。ですから、写真の使い方次第で表現の幅を広げることができます。

参考までに、私がホームページに掲載している写真を紹介させていただきます。よろしければ、写真撮影の参考にしてください。


「大茶園の小さな農家」のトップページに貼ってある私たちの写真（①）です。私が前を見ていて、妻がそれを見守っている構図です。背景の茶園はあえて新芽がない時期を選んでいます。空も適度に雲がかかっているので真っ青な青空よりも雰囲気があると思っています。

市販されている配合肥料を使えば楽なのですが、我が家では自分で〝こだわり〟の原料を探してきて作っています。この写真（②）で、そんな〝こだわり〟が伝われば と思っています。文章で伝えるよりも受け入れやすいと思いませんか？

写真（③）を見ても本当に肉厚な茶葉なのかわからないと思いますが、文章で伝えるとうさん臭く感じてしまいます。ですから、写真の方が受け入れやすいし、わかりやすいと考えました。

「製造では、茶葉がシットリするまで蒸す」「茶葉がうまく蒸せているか、香気と手触りで確認」といった内容は、製造現場の写真（④）があることによってわかりやすくなります。本当に自分たちで作っていることを実感していただけるのです。また、我が家の深蒸し茶の〝こだわり〟は普通の深蒸し茶よりもさらに蒸しが進めてあることです。それを伝

第3章

❶ 生産者

❷ 自家製有機質肥料

③ モッチリ肉厚な茶葉

④ 茶葉の蒸し

えるためにも蒸しの写真は必要だと考えました。

「わかる」と「理解できる」の違いとは？

私は、ホームページに掲載する文章は、「小学生でも理解できる文章で書く」ことを心掛けています。

小学生でも理解できる文章はSEO対策にも有効です。なぜなら理解できる文章は読み手（検索ユーザー）に情報が伝わりやすいからです。

意識したいのは、「わかる」と「理解できる」の違いです。

「わかる」はなんとなくわかることで、「理解できる」はわかったうえで「なぜそうなるのか」を説明できるということだと思っています。

たとえば、「おいしい農作物を作るには有機質肥料は大切です」と言われれば、なんとなくわかりますよね。

なんとなくわかったとして、「では、有機質肥料を使うとなぜおいしくなるのですか？」と問われて、その理由を答えることができれば理解できているということになります。

有機質肥料の説明でいうと、理解できている場合は次のような説明になります。

「有機質は微生物の餌になるので、土に施せば土の中の微生物が増えます。微生物が多くいる土は物理上、通気性、保水性が向上するので作物は健全に育ちます。おいしい作物を育てるコツは健全に育てることですが、化学肥料には有機質肥料のような効果は期待できません。ですから、おいしい農作物を育てるには有機質肥料は大切なのです」

わかっただけでは納得できませんが、理解すれば納得できます。

ですから、ホームページに掲載する記事は小学生でも理解できる文章で書くことが大切なのです。


「理解できる」文章を書けるようになるには、理解しやすい文章を参考にすればよいのですが、なぜ理解しやすいのかを考える必要があります。

また、日頃生活する中でも理解しやすく話すことが大切です。

たとえば、茶園の管理方法はＪＡの指導員に聞けば教えてくれます。しかし、なぜそうなのかを理解できていなければ、指導員が言ったとおりにやっても思うような結果を出せないことはめずらしくありません。

それは、真似しただけだからです。理解なしに、臨機応変な茶園管理ができるようにはなりません。

農業は栽培方法がとても大切なのですが、ＪＡの指導員の言うとおりにやってうまくできなかったとして、指導員のことを悪く言ってはいけません。そうではなく、自分が正しく理解できていなかったのだと考えるようにしたいものです。

ホームページに掲載する文章も同じです。

良いお手本を理解できるまで真似をして、少しずつ自分なりの文章にしていけばよいのです。慣れてきたら、自分の言葉で書くように心掛けましょう。

自分の書いた文章で「想い」が伝われば本当に嬉しいものです。

小学生でも理解できる文章の3つのコツ

小学生でも理解できる文章とは、「子ども言葉」で書くことではありません。

小学生の文章力を甘く見てはいけません。

これは小学生を対象にした学習塾講師に聞いた話なのですが、最近の小学生は、高い文章力を持っているそうです。たとえば、夏目漱石などの純文学を読む小学生も少なくないとのことでした。

もちろん、私たちが書くべき文章は、ごく一般的な小学生でも理解できる文章です。コツは、3つあります。

①専門用語は使わない

「萌芽」↓「新芽が膨らむ」

「加重」↓「力を加える」

「外観」↓「見た目」

②いたずらに漢字を使わない

「ご存じですか？」↓「知っていますか？」

「僅か」↓「わずか」

「多忙」↓「忙しい」

③口語を適当に入れる

「ですよね」

「なんですよ」

「忙しかったです」

身近に小学生がいれば読んでもらうのもよいでしょう。読んでもらって、内容がきちんと理解できているか確認しながら手直しすれば、理解しやすい文章になります。

その文章、本当にお客様の立場に立っていますか？

実店舗であれば、目の前にお客様がいるので、少しぐらい横柄な言葉使いをされてもそれなりの応対ができるものです。

しかし、お客様が目の前にいないとなると話は別です。ネットショップは目の前にお客様がいませんから、実店舗と同じような応対をすることはできません。

ネットショップでは実店舗以上に気を使う必要があるのです。

では、ネットショップでお客様の立場に立った応対とは、どのようなものなのでしょうか？

それは、お客様の立場に立った文章を書くことです。

お客様の立場に立った文章とは、いわゆる「お得情報」ではありません。お客様はもっとお得なお店があればそちらに行ってしまうからです。

自分の想いを丁寧な言葉で伝えることが大切なのです。

では、私の考える、悪い例と良い例を挙げてみます。

●悪い例

お客様が言った言葉

戸塚美紀子です。

知ってる？

聞いたことある？

面倒ですが

●良い例

お客様からいただいた言葉

戸塚美紀子と申します。

知っていますか?

聞いたことないですよね。

面倒かも知れませんが

これらの例からもわかるように、ネットショップに掲載する文章は丁寧な言葉使いが大切です。自分では親しみを込めて書いたつもりでも、お客様に不愉快な思いをさせてしまったら元も子もないのです

加えて、お客様が求めている情報だけを簡潔に伝えることも大切です。

たとえば、保険のセールスで「契約内容をこと細かく説明していたときは契約してもらえなかったが、他の保険との違いだけを説明するようにしたら契約率が上がった」という話を聞いたことがあります。

現代では、誰もが忙しい時代となり、必要ない情報を聞くのは時間のムダだと考えてい

る方が多いようです。ですから、**ホームページに掲載する文章もお客様が必要とする情報を簡潔に伝えることが大切なのです。**

一例を挙げると、次のような文章となります。


知っていますか？

お茶の成分テアニンにはリラックス効果があることを……

そして、高級茶ほど多いことを……

高級茶も急須で淹れれば格安なんですヨ。

１００gの茶葉で１００ccの湯飲みに50杯飲むことができます。

１００gで１６２０円の高級茶でも、湯飲み一杯がわずか32円。しかも、２煎目、３煎目は０円です。

「違う、そうじゃない」はホームページでは通じない

普段の生活でも自分の言いたいことがうまく伝わらないことはよくありますよね。他人

同士だけではなくて、家族同士でもそうです。

私の場合、妻とは仕事も一緒にやっています。公私にわたるパートナーにさえ伝わらないこともあるのですから、世界中の人が読む可能性があるホームページでは、なおさらのことです。


だいぶ前の話ですが、ホームページに「お茶の栽培履歴」を掲載したことがあります。口にするものは、誰でもその栽培方法が気になると思ったからです。

しかし、その栽培履歴を見て不安に思ったのでしょうか。次のような質問をしてきた方がいました。

「お茶は洗わずに製造すると思うのですが残留農薬は大丈夫ですか？」

それに対し、私は次のような返事をしました。

「農薬は使用基準を厳守しています。それに、私たちは農薬散布作業をしなければならないので消費者の方以上に気を使っています。牧之原台地は一面が茶畑なので病害虫を発生させてしまうと周辺茶園に迷惑をかけてしまいます」

するとその方は「そうですね」と言っただけで、その後連絡してくることはありませんでした。私の杓子定規な説明に納得できなかったのだと思います。

このように、お客様は一度不信感を抱くと、何を言っても〝いいわけ〟としか思ってくれません。

とくにホームページでは、「本当は違います、そうじゃないんです」は通用しないことを肝に銘じておいてください。

ですから、**ホームページに掲載する文章は、お客様が求めている情報を必要最低限で提供することを心掛けています。お客様がさらに知りたいと思うことがあれば、それに対して真摯に答えられる準備だけはしておく必要はあります。**

自分ではお客様に安心感を与えるための情報を提供しているつもりでも、先ほどの栽培履歴のようにお客様の不安を煽ってしまう場合もあるのです。

そのようなことにならないように、こと細かく説明するのではなく、必要なことを端的に、そして理解しやすく伝えるように心掛けています。

チャンスを逃さない、デジカメ（スマホ）は常に持ち歩こう

私は、農作業中でもデジカメ（スマホでもいいと思います）を持ち歩いています。そうして、気になるものがあれば写真に撮っておくのです。

「下手な鉄砲も数うちゃ当たる」ではありませんが、**写真をできるだけたくさん撮ることで、ホームページに掲載する情報を充実させることができます。**

このようなちょっとした工夫で、お客様に想いを伝えることができるようになるのです。

とくに新茶収穫は年に一度しかないので、シャッターチャンスです。天候や背景を気にしつつ、毎日たくさんの写真を撮っておきます。それがコツです。

天気の悪い日はスマホだときれいに撮れない場合がありますが、それほど気にはしていません。

私は説明書に書かれているような撮影テクニックは使えないので、最初はうまく撮れませんでした。しかし、長年撮り続けているうちになんとなくコツがつかめてきたような気がします。

日課にしている散歩中でも、気になるものがあれば写真に撮っておきます。私は、牧之原台地を歩くことが多いので、新茶の時期は新芽の状態を頻繁に撮影します。撮った写真はパソコンに保存しておいて、ホームページの更新やダイレクトメール「茶ちゃちゃ通信」で使っています。

その際、注意することがあります。

写真も文章と同じで「違う、そうじゃない」は通用しないということです。

たとえば、富士山を撮る時、写真に、自分の茶園ではない荒れた茶園が写り込んでいたとします。その写真を見た方が、ホームページオーナーの茶園と勘違いしても弁解することはできません。

文章だけでなく、写真にも細心の注意が必要なのです。

そうは言っても、プロのような写真を撮ろうと意気込む必要はありません。もちろんそんな写真が撮れればよいのですが、そのような写真を狙っているとシャッターチャンスを逃すことになりかねません。

とくに農作業の写真は、数秒の違いでイメージが変わります。ですから、私はシャッタ

ーを押すことを最も大切にしているのです。

私は、プロが撮ったきれいな写真よりも素人っぽい自然な写真のほうが、お客様に伝わるとさえ思っています。

不自然になるから画像加工はしない

デジタル画像は、手軽に加工ができてとても便利ですが、その反面注意が必要です。とくにホームページに掲載する場合は、加工した画像は不自然な印象を与えてしまう場合があります。


「商品画像」で考えてみましょう。

お客様が加工した商品画像を見て購入を決めたとします。届いた商品がホームページに掲載されている商品画像とはイメージが異なっていたらどうでしょうか。

お客様の気持ちになって考えてみてください。

商品画像が加工してあると気が付けば、裏切られた気持ちになるのではないでしょうか。

不自然な画像を使用していると信用を失うきっかけにもなりかねません。

私は、他店のネットショップをよく見ているのですが、掲載されている茶葉の画像が加工してあると不自然さを感じてしまいます。

たしかに茶葉は、くすんだ色よりも冴えた緑色の方がおいしく見えます。しかし、その写真を見て購入したお客様が、届いた茶葉を見てガッカリしたら意味がありませんよね。むしろ逆効果です。

わかりやすい例でいえば、ダイエット商品です。

ビフォーアフター画像で考えてみてください。その効果を表現するために画像が加工してあったら、お客様は販売者も商品も信用できないと思うのではないでしょうか。

このように、画像の加工には大きなリスクがあることを知っておいてください。

私は、商品画像はもちろんのこと、人や景色の画像も加工していません。トリミングだけはやっています。手元にある写真の中から、厳選して気に入った写真だけを掲載するようにしています。そのためにも、普段からたくさん写真を撮っておけばいいのです。

些細なことだと思われるかもしれませんが、そうした繊細さがお客様の信用につながるのです。

「この人から買いたい」と思わせるテクニック

私は、売り手と買い手は対等だと考えています。

お客様が〝上〟だと考えてしまうと、そこに上下関係ができてしまうからです。上下関係ができると、売り手は「買っていただく」、買い手は「買ってやる」という立場になってしまいます。これでは、「この人から買いたい」とは思っていただけませんよね。

売り手と買い手である前に、「人間同士である」と考えるとわかりやすいかもしれません。

私たちは、人に親切なことをしてあげれば好かれると思っています。しかし、その親切は本当に相手のことを思ってのことなのでしょうか？　本当の意味で相手の気持ちを考えていなければ、単なるお節介になってしまいます。

私も、マルシェで親しい方が出店していると、とくに必要ではなかったとしても、せっかくだからと思って買ってあげたくなります。本音を言えば、「買ってあげないと冷たい人だと思われるかもしれない」「買ってあげたのだから喜んでもらえるだろう」という思惑があるのも事実です。

このことが良い・悪いという話ではありません。これは売り手と買い手が知り合いだから成立するわけで、多くの場合はそうではありません。

では、「この人から買いたい」と思っていただくにはどうすればよいのでしょうか。

私が思うには、**この人から買いたいと思っていただくには、応援していただくことだと思っています。応援されれば、上下関係はなくなるからです。**

さて、ここで質問です。あなたはどんな人なら応援したいと思いますか？

かなり昔のことですが、保育園児のかけっこを見ていて学んだことがあります。保育園児は欲がないのでみんな楽しそうに走っていました。家族を見つけるとニコニコしている子どももいました。

そんな中で、1人だけ観客には目もくれず、真剣な顔で走っている子どもがいたのです。

それを見ていた方が「頑張れ」と声援を送っていました。その方は見ず知らずの子どもを「根性がありそうだから応援したくなった」と応援していたのです。

保育園児でも一生懸命さが伝われば応援したくなりますよね。そのとき、私もこの子を見習いたいと思いました。

応援されるには、一生懸命やること。一生懸命さが伝われば信用していただけます。信用していただければ、この人から買いたいと思っていただけるのです。

一生懸命さを伝えるには、普段からなんでも手を抜かずにやることが大切ですが、それはなかなかむずかしいかもしれません。

ですので、まずは自分が好きなこと、やっていて楽しいことを見つけることです。それが見つかれば、あとは自分の好きなことに一生懸命取り組んでいきましょう。

そのような姿勢が、人に想いを伝えることに繋がるのだと思っています。

COLUMN

若くしてわかっていればよかったこと

私は飽きっぽい性格ではないのですが、とくに根気強いわけでもありません。しかし、長年に渡ってホームページを管理してきて、「ホームページの運営に飽きた」ことは一度もありません。それは、〝楽しいから〟だと思います。

この年になってようやくわかったのですが、自分が楽しいと思うことは続けられるのです。

私は『菜根譚』『論語』『学問のすゝめ』『武士道』などの書籍を枕元に置いておいて、毎日読んでいます。

大切なのは、ほんのちょっとのことを毎日続けることです。それが日課になれば、ごはんを食べたり、お風呂に入ったり、歯を磨いたり、髭を剃ったりと毎日あたりまえのようにやっていることと同じ感覚でできるようになります。

楽しいことで努力すれば結果も出やすいのですが、嫌いなことだと努力しても結果を出すのはむずかしいでしょう。何を楽しいと思うかは人それぞれですが、私の場合は文章を書いたり読んだりすることが好きで楽しいのです。日記をつけることも読書をすることも苦になりません。

ほかに毎日やっていることといえば、散歩もしています。ときどき、人から「よく続きますね」と言われますが、私としては頑張っているつもりは全くありません。ただ歩きたいから歩いているだけなのです。

人間、得意なことなら一生懸命になれます。一生懸命やれば好きになり、やがて楽しくなります。

人生は1度きりですから、お金になるからといって嫌いなことをするのではなくて、好きなことや楽しいことをやるべきではないでしょうか。

若くしてこのことに気付いていれば、私の人生は変わっていたかもしれません。

しかし、「書くことが好き」から、こうして本を著すことにも繋がりました。自分が好きで楽しいことを磨けば、仕事に活かすこともできるのではないでしょうか。

第4章

お客様を呼ぶには良好な人間関係が重要

お客様との良好な人間関係の築き方

検索結果で上位表示させるには、相手（読む人）の気持ちを理解した文章が有効となります。

私がSEO対策に取り組んだ当初、「自分の性格を変えることができれば、相手の気持ちを理解した文章を書けるようになる」と考えました。しかし、性格を変えることは簡単ではありません。

そこで、私は毎日の生活の中で、妻の気持ちを理解した言動を心掛けるようにしました。具体的には、まず妻の言うことを聞き、そして自分が言いたいことは一度飲み込んでから話すようにしたのです。

その結果、性格を変えることはできませんでしたが、妻に対する言動を変えることはできました。

たとえば、次のような会話です。

●以前

私：「お茶淹れて」

妻：黙ってお茶を淹れる

●現在

私：「一緒にお茶を飲もうか」

妻：「淹れてくれたらイイよ」

私：「淹れるから待ってて」

さらに、風呂掃除や食後の食器をシンクに持って行くなど、自分にできる些細なことをやるように心掛けました。すると、妻から「前よりも幸せになった」と言われたのです。

このようにSEO対策に有効な文章の学びは、良好な人間関係の築き方をも教えてくれます。

私のホームページには、次のような文章が掲載してあります。

■妻の自己紹介

こんにちは、戸塚美紀子と申します。

我が家は静岡県牧之原市の茶農家です。

茶園管理から「深蒸し茶」の製造 販売（通販）まで、家族で行っています。

お茶づくりのモットーは、

「茶園は自分達の目が届く面積」、「製造は機械に頼り過ぎない」です。

加えて、「生産者の顔が見える販売」を目指しています。

■商品のベネフィット

知っていますか？

お茶の成分テアニンにはリラックス効果があることを……

そして、高級茶ほど多いことを……

そういえば、お茶を飲みながらケンカするなんて聞いたことがないですよネ。

高級茶も急須で淹れれば格安なんですヨ。

１００gの茶葉で１００ccの湯飲みに50杯飲むことができます。

100gで1620円の高級茶でも、湯飲み一杯がわずか32円。

しかも、2煎目、3煎目は0円です。

急須で淹れるのは面倒かもしれませんが、深蒸し茶なら30秒で淹れることができます。


大切なのは、読みやすいことと、親しみやすいことです。

あなたのホームページは作っている人の顔が見えますか？

お客様は生産者の顔写真を見て、販売している人がどんな人なのかを想像します。そのため、トップページに掲載する顔写真は、とても大切です。

たとえば、スーパーマーケットに行けば、生産者の顔写真が貼ってある農産物を売っていることがあります。**顔写真は信用される第一歩なのです。**

顔写真は目を意識するということは、86ページでお伝えしました。

作っている人の人となりを伝えるには、自己紹介文も大切です。

自己紹介文は、力が入りすぎると親しみを感じなくなってしまいます。なにも立派な生産者でなくてもよいのです。丁寧な言葉使いで書くことが大切になります。

生産者の想いを伝えるには、ストーリーを書くのが有効です。ストーリーを読めば生産者の顔がハッキリとしてくるからです。

ただし、ストーリーは実話でなければ伝わりません。進展があればそこに書き加えています。

また、文体は顧客ターゲットによって変えるべきです。

たとえば、私が販売するお茶の顧客ターゲットは高齢者や女性が多いので、不安を与えないような文体と内容を心掛けています。

ホームページに書いた文章は、削除しない限り読まれ続ける

私がはじめて出店したイベントは、埼玉県の川口オートレース場で開催された陶器市でした。

5日間開催される大きなイベントだったので、いくつもの急須と大量の深蒸し茶を持って出店しました。

そのとき、お客様に「急須はどれがよいですか？」と聞かれたことがありました。私はそれほど急須に詳しいわけではないにもかかわらず、知ったかぶりをして説明してしまいました。

「急須の網にはこのような種類があるのですが、深蒸し茶には帯茶こしが最適です」

当時、「帯茶こし」が流行っていたのでお客様におすすめしたものの、我が家では使っていませんでした。帯茶こしは、網の掃除がむずかしいという欠点があるからです。

私に質問をしたお客様も、熱意に欠けた私の説明では納得できなかったのだと思います。

事実、その方が再び戻ってくることはありませんでした。

このことから、流行っているからとか、うわべの説明ではなく、地に足がついた説明を心掛けるようになりました。

そこで、「大茶園の小さな農家」にある「急須のお手入れ」ページでは、次のように「急須の選び方」を説明しています。

■急須の選び方

急須の茶こし網にはいろいろな種類がありますが、我が家で販売している急須は底まで網があるものです。

急須にはいろいろあるので、この急須がベストなのかわかりませんが深蒸し茶を淹れるには適していると思います。

もちろん茶葉の潰れていない普通煎茶なら問題なく淹れることができます。

急須を選ぶときはデザインだけで決めない方が良いと思います。

実際に持ってみて、持ちやすい急須を選んでください。

我が家で販売している急須を実際に持ってみることはできませんが、私達が持ってみて持ちやすいものを選んであります。

重さもいくつかの急須を比較して軽いものを選びました。

急須は毎日使うものですから、使い勝手が悪いとストレスになります。

以上、急須選びの参考にしていただければと思います。

ホームページには自慢を入れない

自分ではよいと思って書いた文章でも、それを読んだ方がどう感じるかはわかりません。たとえば、品評会で市長賞に選ばれたとします。ホームページで「市長賞に輝いた商品はこちらです」などと自慢げな表現を用いてしまうと、お客様にとってはうさん臭く映ってしまいます。

そこで私は、「市長賞に選ばれました」と、事実だけを書くようにしています。新聞に掲載された場合は、記事の画像を貼るのもよいでしょう。

受賞経験がない頃はマルシェでお客様が試飲している写真を掲載していました。そんなときも、「大盛況でした」などと書けば自画自賛になってしまいます。

そもそも自慢話は書けるような出来事がなければいけないので、誰もが書けるわけではありません。

しかし、真面目に仕事に励んでいる話なら誰でも書くことができます。生産者が農作業に励んでいる姿は、お客様も受け入れやすいでしょう。

私は、自慢話よりも真面目に農作業に励んでいる姿の方がＰＲ効果は高いとさえ思っています。

「大茶園の小さな農家」では、お客様に共感していただくために「できごと〇〇〇〇」というページをつくりました。ここには、農作業や茶園の写真を頻繁にアップしています。

ホームページで農作業に励んでいる姿は、どこを切り取ればいいのかといえば、早朝の農作業風景などで伝わると思っています。

早朝の写真は逆光撮影などのひと工夫で表現力が増します。

ただし、「早朝から頑張りました」なんて書けば自画自賛になってしまうので注意しましょう。さり気なく伝えるのがコツです。

共感すれば応援していただけるようになります。しかし、損得勘定が入ってしまうと共感していただけません。自分たちの想いや取り組んでいることを、嘘偽りなく伝えることが大切なのです。

実際、自分たちの想いがお客様に伝わっていると思えることがあります。

代金支払いの郵便払込用紙通信覧に、メッセージを書いてくださる方がたくさんいます。ここに書かれているお客様の言葉を読むと、私たちの想いがお客様に伝わっているのだなと実感できます。

SEO対策は考えすぎると順位を下げる

SEO対策の効果があらわれると、さらに上位表示を目指したくなります。その向上心は大切なのですが、気持ちだけではうまくいきません。

また、上位表示を目指した施策が原因で、逆に順位を下げてしまうこともあります。たとえば、**「コピーページ」や「コピー記事」です。サイト内のページ数を増やすことは大切なのですが、私の経験上コピーページは逆効果でした。**

コピー記事も同様です。Googleは、自分でつくった独創性のある記事は評価してくれますが、コピーは評価してくれませんでした。

これは、Googleだけでなくお客様も同じだと思いますので、記事の内容はオリジナルを基本にしてください。

私はSEO対策に取り組みはじめたとき、すでに上位表示されているホームページを参考にしました。それ自体は悪いことではないのですが、真似をしてはいけません。

検索キーワードの入れ過ぎや不自然な入れ方、検索キーワードの扱いにも注意が必要です。

検索キーワードを文章の中に入れることは大切なのですが、入れすぎると不自然な文章になりやすいので気を付けてください。

私がホームページに掲載している「深蒸し茶」の記事は、次のような内容です。

《深蒸し茶とは？》

牧之原台地でお茶を栽培すると茶葉は肉厚になります。台地は日の出から日没まで日が当たるので日照時間が長くなるからです。

肉厚な茶葉は、普通に蒸して製造すると苦みがでてしまいます。この欠点を和らげるために蒸し時間を長くして製造したお茶が「深蒸し茶」です。

蒸し時間を長くしたお茶は、煎じが効いて淹れたお茶の水色と味が濃くなります。

茶葉は長く蒸すと柔らかくなるので、製造する過程で力を加えると茶葉は細かく粉れてしまいます。

ですから、深蒸し茶は見た目にこだわらない味重視のお茶といえます。

（普通煎茶よりもおいしいという意味ではありません。）

その他にも、外部サイトからリンクを貼ることはSEO外部対策として有効です。しかし、リンク先ホームページの内容が自分のホームページの内容とかけ離れている場合は不自然なリンクとなります。

その昔、SEO対策会社に依頼したとき、どうでも良いサイトをつくってリンクを貼るという施策が行われました。そのときは、思うような結果を出すことができませんでした。

そんなリンクは、**表示順位を下げるばかりか、訪問してくださったお客様の信用を失うきっかけになりかねません。**

これらの施策をして検索結果の表示順位を下げた場合は、Googleからペナルティを受けたことになります。

不自然なリンクよりも、内容に合致したリンクを貼るような施策をした方が良いでしょ

第4章

う。私の場合、「茶の歴史年表」というページから「ボストン茶会事件」や「アヘン戦争」などという関連ページへテキストリンクを貼りました。

この2つのページは、キーワード検索で見に来てくれる方が多くいます。このような検索数の多いページを持つことは、多くの方にホームページを知っていただくきっかけになります。

検索エンジンに評価される文章を書くコツ

Googleなどの検索エンジンでは、ホームページに掲載された文章を解析・評価して表示順位を決める要素にしています。そうした事情を踏まえて、私なりにSEOに効果的な文章を書くコツを考えてみました。

これまでにもお伝えしてきたように、私は、お客様の気持ちを理解した文章を心掛けています。価格などで魅力を打ち出すのではなくて、お客様の気持ちを理解することを重視しています。

お客様の気持ちを理解した文章とは、自分の利益を追い求めるものではありません。

お客様に貢献する文章です。

では、どうすればそのような文章を書けるようになるのでしょうか？

そんなとき、小学生の学習塾講師から聞いた話がヒントになりました。

それは、次のような内容でした。

「生徒のためを思った授業とは勉強が楽しくなる授業だよね。授業が楽しければ勉強が好きになる。勉強が好きになれば進んで勉強するようになる。そうなれば中学校に入ってからも自分から進んで勉強するようになると思う。だから、生徒の将来を考えた授業ができるようになりたい」

「テストの点数を上げて希望校に合格させる授業は塾のことを重視した授業だよね。希望校に合格する生徒が増えれば塾の評判が良くなる。塾の評判が良くなれば入塾してくる子どもが増えるからね。でも生徒が中学校に入ってからのことは二の次。これって生徒のことよりも塾のことを考えているよね」

この話を聞いて、私はお客様の気持ちを理解した文章を書くコツをつかんだ気がしました。普段の生活でも、妻との関係を良好にするように心掛けています。

そうした日常の行動が、理解しやすい文章をかくことやSEO対策に効果を発揮すると思います。

私の具体的な日常行動とは次のようなものです。

・食事は三食とも妻と一緒に食べる

・そのとき、お互いの考え方を理解し合えるような会話を持つ

・相手の言うことを否定することなく、相手の気持ちを理解した言葉で話す

・習慣として、毎日の生活の中に学びの時間を持つ。YouTubeで心理カウンセラーなどの動画を妻と一緒に見る

読者に思わずクリックさせるポイント

私はネットショッピングをしていて、入力したキーワードの関連商品広告に追いかけられたことがあります。

妻の白髪染めを探していて、白髪染めシャンプーのLP（ランディングページ）に追いかけられたのです。私は、そのランディングページを見て、商品を購入してしまいました。

ランディングページは、思わずクリックしたくなる広告なのです。

この経験でランディングページはお客様の心をつかむ広告だということを知りました。

事実ランディングページは、〝こだわり〟の商品をPRするには効果絶大です。

私が購入を決めたランディングページは、

①問題提起
②具体例
③問題解決方法を提案
④問題解決商品の紹介

という構成でつくられていました。

次に、この構成で考えた深蒸し茶のPR方法を掲載しておきます。

第4章

①問題提起

知っていますか？

お茶の成分テアニンにはリラックス効果があることを……。

そして、高級茶ほど多いことを……。

②具体例

そういえば、お茶を飲みながらケンカするなんて聞いたことがないですよネ。

高級茶も急須で淹れれば格安なんですヨ。

③問題解決方法の提案

100gの茶葉で100ccの湯飲みに50杯飲むことができます。

100gで1620円の高級茶でも湯飲み一杯がわずか32円。

しかも、2煎目、3煎目は0円です。

④商品紹介

急須で淹れるのは面倒かもしれませんが、深蒸し茶なら30秒で淹れることができます。

この中で、さり気なく販売商品のベネフィット（商品から得られる良い効果）とメリットを伝えました。

「お茶は健康に良い飲み物である」「お茶を飲むと健康になれる」もベネフィットです。

他にメリットは、「お茶は低カロリー」など、商品そのものの良い特徴です。


SEO対策には、商品に関係した詳細ページを作成し、その詳細ページを検索結果で上位表示させるというテクニックがあります。


上位表示させた詳細ページから注文ページへと誘導するのです。

たとえば、深蒸し茶詳細ページを作成しSEOで上位表示させます。その深蒸し茶詳細ページから注文ページへ誘導するのです。

しかし、「大茶園の小さな農家」は、トップページをランディングページ化しています。

ですから、トップページを検索結果で上位表示させなければランディングページをつくった意味がありません。

検索結果でトップページを上位表示させることができれば、ランディングページを多くの方に見ていただくことができます。

「daichaen」と「todukaen」の決定的な違い

ホームページを開設するときには、「独自ドメイン」を設定します。

独自ドメインとは、そのサイトのインターネット上の住所のようなものなので適当に付けてはいけません。わかりにくいドメインは、お客様はもちろんのこと自分でも覚えることができません。

独自ドメインは、ＳＥＯにも影響します。

深く考えないで独自ドメインを適当につけてしまう方がいますが、よく考えてから決めるようにしてください。

私は自作ホームページと受注サイトのドメインは関連性がある方が何かと便利だと思っています。ですから、両方とも販売商品をイメージさせる独自ドメインをつけるように心掛けました。

我が家の２つのホームページのドメインは、「daichaen」と「daityaen」です。「cha」と「tya」が違うだけでよく似ています。

どちらのドメインもお茶をイメージさせるように、私なりの工夫をしました。

もしこれが、「todukaen」と「tozukaen」では、似てはいるもののお茶をイメージできません。

このように、**独自ドメインはよく考えて、数日経ってから「本当にそれでよいのか」確認してから決めるくらいの慎重さが必要です。**

業者に頼むと100万円、自分でやれば0円

「大茶園の小さな農家」のトップページは、自作のランディングページです。

ランディングページは、自分でつくれば0円ですから、挑戦してみる価値は十分にあります。自分でつくる際は、効果のありそうなランディングページを参考にすればよいのです。

「大茶園の小さな農家」は、次のような構成で作成してありますので参考にしてみてください。

①スライドショー
②ＰＲ文
③妻の顔写真と自己紹介
④販売商品〝深蒸し茶〟のベネフィット
⑤「わたし達がつくっています」
⑥「できごと○○○」
⑦「茶の栽培」
⑧飲みやすい〝深蒸し茶〟への挑戦
⑨自家製有機質肥料の画像
⑩モッチリ肉厚茶葉の画像
⑪「茶の製造」
⑫こだわりの蒸しの画像
⑬通販への挑戦
⑭「茶ちゃちゃ通信」
⑮「戸塚家のあゆみ」

⑯「わたし達の身体づくり」
⑰「静岡茶とは？」
⑱「深蒸し茶とは？」
⑲人生100年時代
⑳商品紹介
㉑「お茶の淹れ方教室」
㉒「動画：新茶の楽しみ方」
㉓「急須のお手入れ」
㉔商品紹介
㉕以下はお茶の関連ページ
㉖商品紹介
㉗「世界緑茶協会」
㉘写真集
㉙店舗情報　地図
㉚アクセスカウンター

１６５ページで詳しく説明します。ご参考にしてください。

ホームページ作成サービスなら月額２０００円で簡単につくれる

個人のネットショップを開店するなら、自作ホームページがおすすめです。

私は、ＧＭＯペパボ「グーペ」を使ってホームページをつくっています。

以前はホームページ作成ソフトを使っていましたが、グーペに替えてからホームページを管理するのがますます楽しくなりました。

グーペは、契約内容にもよりますがオプション（独自ドメインなど）を取得しても月額２０００円もかかりません。

年間契約にすればさらに安くなります。

さらに、「ＳＥＯ簡単設定」や「アクセス解析」などの機能があるので、ホームページを管理するのが楽しくなります。このＳＥＯ簡単設定機能がなければ、私は検索結果で上位表示させることはできなかったでしょう。

私がグーペを選んだ理由は、低料金で機能が充実しているだけではありません。他の作成方法よりも簡単そうなので、これなら私でも続けられると思ったからです。事実、今までなんの問題もなく続けられています。

さらに、お試し期間があるので安心ですし、月単位の契約にすれば撤退も簡単にできます。ですから、ホームページの運営がグーペなら自分でもできるのか試すことができました。

ＧＭＯペパボでは、ネットショップ作成サービス「カラーミーショップ」も低料金で提供しています。私は使っていませんが、受注専門サイトをつくるのならおすすめだと思います。

私は、受注専門サイトは「アイフラッグ」にお願いしています。

アイフラッグのネットショップは機能が充実しているうえ、専門知識が必要な「ＵＴＭ（統合脅威管理）」サービスもあるので安心して取り組むことができます。

個人のネットショップ開店は、ホームページ作成サービスではじめれば後悔することはないでしょう。ただし、契約期間には注意が必要です。

第４章

もし自作ネットショップに注文が入るようになれば、受注専門サイトの作成を考えなければなりませんが、私は受注対応に困るまでは受注専門サイトは持っていませんでした。注文は、「ＦＡＸ」「メール」「料金受取人ハガキ」で受けていました。

注文があまり入らなかった時代は、それでも困ったことはありません。

今でも、ホームページには「昼間は農作業に出ているので電話には出られません」と書いています。それでも、繁盛店になれたのです。

受注専門サイトは、注文が入るようになってから考えればよいのです。そのときも、本当に必要なのかをしっかりと考えましょう。

「趣味感覚」でやることが長続きの秘訣

私が自作ホームページをつくった理由は、ネットサーフィンをしていて「自作ホームページは面白そうだ」と思ったからです。

実際に開設してみると、自分が書いた記事を、日本どころか世界中で読むことができることを実感できました。

それが、誰にでも簡単にできるのです。

実際、ホームページを開設して海外に住んでいる日本人の方から注文をいただいたことがあります。

現在では日本国内の販売に限らせていただいていますが、アメリカに住んでいる方から商品代金と送料がドル紙幣で送られてきたことがありました。

このような経験もネットならではですよね。

ホームページの管理は、趣味感覚でやるのが長続きするコツです。掲載する内容は、自分が更新したくなるものにすれば良いのです。

「大茶園の小さな農家」では、関連情報のページを見てくださる方がたくさんいます。アクセス解析を見ると、トップページよりも読まれているページもあります。

そのようなページを読んでくださる方がいるので、記事を書いたり写真を貼ったりと、更新するが楽しくなります。

アクセス数の多いページには、「ボストン茶会事件」と「アヘン戦争」があります。この2つのページは、直接キーワードで検索して来てくださる方がほとんどです。

その他にもトップページからリンクが貼ってある、「茶の歴史年表」「牧之原台地のはじまりは?」「急須が詰まった?」「栄西禅師」「牧之原台地開拓と蓬莱橋」「わたし達がつくっています」「お茶の淹れ方教室」「静岡茶発祥の地」「初摘みとは?」「茶畑の飛行場」なども読まれています。

このことからもわかるように、お茶の関連知識に興味がある方は意外と多いようです。

このような情報に興味がある方が我が家のお茶に興味を持ち、注文してくださることを願いつつ、これからも更新を続けていきたいと思います。

失敗してもスキルアップすればOK

私が自作ホームページでお茶を売りはじめてから14年間は全く注文が入りませんでした。

しかし、一度も「失敗した」と思ったことはありません。なぜなら、ホームページは趣味の1つで、仕事とは考えていなかったからです。言い換えるなら、本気で売れるとは思っていませんでした。繁盛店になれるとは夢にも思ってもいなかったのです。

これからネットショップを開店したいという方に「ネットショップを成功させるコツはなんですか？」と聞かれたとしたら、次の3つをポイントしてお伝えします。

・売れなくても気にしないで続ける
・売れなくても諦めない
・チャンスは必ずくる

この3つを忘れなければ、ネットショップは前進するに違いありません。
そうはいっても、開店当時の私はこの気持ちをまったく持っていませんでした。

・売れなくてもしかたない
・趣味だから続けているだけ
・チャンスがくるなんて考えたこともない

これでは売れるはずもありません。売る気がない人から買おうとするお客様がいるわけもないのです。

私が、本気でネットショップに取り組むようになったのにはきっかけがあります。

普通は市場の消費が伸びればチャンス到来となります。私の場合は真逆で、お茶の消費が低迷したので消費地のお茶専門店が減り、インターネットでお茶を探す方が増えると考えたのです。

チャンスは突然やってきます。それを見逃さないことが大切です。もし、チャンスだと思ったら、失敗を恐れずに自分ができることから取り組めば前進するでしょう。

しかし、やみくもに前に進んではいけません。

自分を知り、ライバルを知り、それでも前に進めると確信できたら進めばよいのです。もしも、どこかに不安があれば、打開できる方法がないか再考する必要があります。

自分では失敗だと思っていなくても、人から見れば失敗だと思われていることはよくあります。私の14年間も売れないネットショップなんて、誰の目から見ても失敗です。

しかし、自分が失敗だと思わなければ、失敗ではありません。

トーマス・エジソンの名言を借りるなら、「私は失敗したことがない。ただ、1万通りのうまくいかない方法を見つけただけだ」ということです。

うまくいかなければ、どうすれば良いのか考えればよいのです。失敗を失敗だと思わず

に取り組み続けていればスキルアップにつながります。

失敗は成功のもとです。ぜひ、チャレンジしてみてください。

熱意から共感が生まれる、共感から応援が生まれる

繰り返しになりますが、「売るため」に考えた〝こだわり〟では、お客様には伝わりません。**熱意を持って作り上げた〝こだわり〟でなければ、お客様には伝わらないのです。とくにネットショップでは、その〝こだわり〟を文章と写真で表現できなければ売れません。**

自分で「一生懸命やっています」と書けば、うさん臭く感じられるだけです。たとえば農家の場合、嘘偽りなく真摯に農作業に励んでいる姿を伝えることがよいでしょう。

私は、農作業のようすや茶園の写真を頻繁にアップしています。農作業のようすは熱意が伝わりやすいからです。

茶園のようすは自分たちの農作業の結果を伝える情報となるため、ホームページに掲載

牧之原台地での農作業、遠方には南アルプス

する茶園の写真は誰が見てもわかりやすいものを選ばなくてはなりません。

ホームページに掲載する茶園の写真は、他の茶園との違いがわかるものを選んでいて、農作業のようすでは背景も大切にしています。


ホームページ作成を専門会社に依頼する場合は掲載写真に注意が必要です。

ホームページ制作会社のデザイナーは、自社の商品、我が家でいえば茶園や茶葉の良し悪しがわかっていないからです。

以前、受注専門サイトをホームページ制作会社に依頼したときに、トップページに先方が用意した「番茶」の写真が使われていました。お茶を知っている方なら、番茶の写真を見て飲んでみたいとは思いません。

我が家の茶葉で撮り直して差し替えていただきました。

自分で撮った写真を使う方が、お客様にメッセージを伝えることができるのです。

ダイレクトメールはお客様へのラブレター

妻と知り合ったとき、私は東京の多摩市に住んでいました。

妻は静岡に住んでいたので、１週間に一度は手紙を交換していました。無料通話アプリなどなく、長距離電話はお金がかかっていた時代のことです。

手紙は、空いた時間に書くことができて、何度でも読みなおすことができます。もちろんいくら長く書いても料金は同じです。

妻は今でも、娘とハガキのやりとりをしています。メールやチャットではなくて、手紙だからこそ伝わるものがあるのでしょう。

第４章

手紙の書き方はダイレクトメールに応用することができます。大切な人へ自分の想いを伝える手紙だと思って書けばよいのです。

大切な人に読んでいただくのですから、言葉使いも自然と丁寧になります。自分の想いを伝えるのですから、嘘偽りがあってはいけません。

具体的には、次の3点を意識して書くと良いでしょう。

・自分の想いを飾らず素直に書く
・長文にならないようにする（A4版両面印刷1枚）
・文字は大きめにする

ただし、自分の想いだけをストレートに書いてはいけません。相手の立場に立って書かなければ真面目に読んでもらえないでしょう。

大切な人へ送るラブレターを書くつもりで書けば良いのです。ラブレターを書くコツは、インターネットで検索すればたくさん見つかるので参考にしてみてください。

ラブレターとは違いますが、私が「期待させないテクニック」と名付けた文章術があります。具体的には、「おいしい」「自信あります」「絶対」とは書かないことです。なぜなら、過大な期待をさせてしまうと満足していただけないからです。

私がおるお好み焼き屋さんへ行ってカウンター席に案内されたときのことです。大将が「うちのお好み焼きは絶対うまいから」と、〝こだわり〟を延々と話しながら焼いてくれました。

その〝こだわり〟を聞いていて、「そんなにおいしいのか」と期待して食べました。しかし、私の期待に反して普通の味だったのです。さり気なく出されていればおいしいと感じたのかもしれませんが……。

一方で、こんなこともありました。

あるお寿司屋さんの卵焼きがネット上で評判になっていて、妻と一緒に食べに行きました。

大将に、「卵焼きがネットで評判になっていますね」と伝えると、「そんなことないですよ、普通の卵焼きですよ」と謙虚な返事がかえってきました。いざ食べてみると蟹の出汁がきいた本当においしい卵焼きだったのです。

この卵焼きの体験で、私の「期待させないテクニック」が生まれました。このテクニックはラブレターにも有効な文章術で、ダイレクトメールにも通じるところがあります。一例を挙げると、次のような文章になります。

《R5年春号の「茶ちゃちゃ通信」より》
2年前に植えたお茶の苗木が元気に育っています。
植えた時は数枚の葉でした。
野生の猪に荒らされたこともあります。
それでも、ここまで育ってくれました。
まだ油断はできませんがホッとしています。
2年後には収穫できると思うので今後も大切に育てたいと思います。

ダイレクトメールは新聞のように構成する

我が家で発行しているダイレクトメール「茶ちゃちゃ通信」は、手紙形式からはじまりました。手紙形式では長文になるので、現在では新聞形式に変更しています。新聞形式に変更した理由は、写真を貼って記事の内容を理解しやすくしたかったからです。一方で、写真を貼ると文章を書くスペースが狭くなるため、短文で書かなければなりません。

すると、意外な効果がありました。

短文なら忙しくても読んでいただけるのです。掲載する文章量はもの足りないくらいで丁度よいのかもしれません。

また、手紙形式では品評会入賞の記事などを掲載すれば自慢話になってしまいますが、新聞形式なら違和感を感じさせません。「市長賞に輝く」という見出しも、新聞形式なら自慢話に聞こえません。

「茶ちゃちゃ通信」の記事を書くときは、思いついたことを全て書き出しています。そ

茶ちゃちゃ通信

第74号
発行部数：423
発行日：2023/4/20

目次

新茶収穫

新茶収穫が始まりました。

今年は適度に雨が降り、遅霜もなく、お茶の新芽は順調にのびました。


新茶収穫は始まったばかりなので、最後まで油断せずに頑張りたいと思います。

「初摘み新茶」のサンプルを同封しましたので、ぜひお飲みください。

初摘み：100g/1,620円
3袋以上のご注文で送料無料
さらに新芽20gプレゼント
新芽は天麩羅にすると美味しいですヨ

手揉み茶体験

牧之原市内の小学校では、毎年「手揉み茶体験」がおこなわれています。

美紀子は講師として参加しています。


手揉み茶は仕上げるまでに5時間ほどかかるので、子供達は弁当持参で午後になっても揉み続けます。だから、途中で飽きてしまう子供もいます。

大人でも揉みあげるのはたいへんな作業なので、子供達はさぞ疲れることでしょう。

揉んだ手揉み茶は家に持ち帰って飲みます。家でどんな風にして飲んでいるのか想像すると、なんとなく微笑ましく感じます。

茶ちゃちゃ通信2023年4月号／表

元気な幼木

二年前に植えた苗木が元気に育っています。

植えた時は数枚の葉でした。野生の猪に荒らされたこともあります。それでも、ここまで育ってくれました。まだ油断はできませんがホッとしています。二年後には収穫できると思うので今後も大切に育てたいと思います。

蓮華寺池公園

藤枝東高校の近くにある蓮花寺池公園へ時々歩きに行きます。大きな公園なのでいつもたくさんの人が歩いています。

公園内には長藤や桜の樹などがあり、池には蓮が生息しています。

公園の周りは小高い丘で囲まれていて散策道になっています。

丘の上からの長い滑り台は子供達に人気です。

お知らせ

昨年の「茶ちゃちゃ通信」でお知らせしました、私の夢だった商業出版が実現しそうです。

出版経験のない私が自力で出版社を見つけることはできませんでした。

諦めきれずに、他の出版方法を探していると、ある出版プロデューサーの方と出合いました。その方のお力添えを頂いて出版社を見つけることができたのです。

内容は、我が家のHP「大茶園の小さな農家」がテーマです。

出版社は見つかりましたが、まだ原稿は完成していません。

今、私が書いた原稿をプロのライターの方に書き直していただいているところです。

詳しくは、次回の「茶ちゃちゃ通信」で報告させていただきます。

夢は追い続ければかなうこともあるんですね。諦めなくて、本当に良かったです。

茶ちゃちゃ通信2023年4月号／裏

第4章

のうえで、伝えたいことだけを選んで短い文章にまとめています。それから文章に適した写真をセレクトしています。

見出しについては、YouTube の動画タイトルなどが参考になります。

新聞形式のダイレクトメールは「パーソナル編集長」を使って書いています。ソースネクストが提供しているパーソナル編集長は、新聞形式にするのにとても便利です。見出し作成や文章だけではなくて写真の挿入も簡単にできるのでおすすめです。

新聞形式のダイレクトメールは、内容というより形式的な工夫ですが、それだけで読んでいただける可能性が高まるのです。

もし、既存のダイレクトメールがあまり読まれていないのでしたら、内容だけではなくて形式も工夫してみてはいかがでしょうか。

COLUMN

独りよがりの通信物では読まれない

ダイレクトメール「茶ちゃちゃ通信」を発行し続けていると、しだいにお客様からメッセージをいただけるようになりました。うれしくなって、ますます工夫するようになっていきました。

マルシェに出店したときに「茶ちゃちゃ通信」を持って会いに来てくださるお客様がいました。我が家まで会いに来てくださったお客様もいました。

このような出会いでお客様との距離が縮まり、私たち家族が目指すところの「顔が見える販売に」に近づけたと思っています。

失敗もありました。だいぶ昔のことですが、信頼していた叔父から「もう送ってこないでいい」と言われたのです。そのとき、相手のことを考えないで発行している自己満足の通信物だと気が付きました。

その頃は子どものことに触れる記事を多く載せていました。親が自分の子どもに関

第4章

心があるのは当然のことですが、他人の子どもには関心がなくてもしかたありません。それなのに、当時は自分の子どもを題材にした記事を掲載していたのです。

　このことに気付いてから、掲載する記事は読者が興味を持ってくれそうな内容にしなければと思うようになりました。

　家族に触れる記事は減らし、静岡県内の出来事や私が歩いた所を紹介する記事などを増やしました。

　たとえば、「大道芸ワールドカップin静岡」は150万人という集客力がある大きなイベントです。私もよく見にいくので、隣に座っていた方と話したことがあります。その中に「有休をとって、名古屋から泊まり込みで来ています」という方がいて、このことを記事に書いたのです。

　掲載した記事をすべて読んでいただくのはむずかしいので、そのへんは割り切るようにしています。

　通信物は、発行し続けていれば必ず良くなります。そうすれば、しだいにお客様の反応もでてくるでしょう。

第5章

ネットショップを高額でつくってもうまくいかない理由

最新のネットショップでも数年経てばデザインが古くなる

繁盛しているネットショップほど、デザインは最新のものにしていることが多いです。デザインが新しければ、それだけで繁盛店に見えるのでお客様も安心して買い物をすることができます。

ネットショップ管理者からすれば、モチベーションが上がるので管理するのが楽しくなります。

デザインに無頓着なネットショップは、更新もままなっておらず、お客様が離れていってしまいます。事実、古いデザインは見た目が悪いので、掲載記事を読んだり、画像を見たりするのに苦労することもあります。

新しいデザインは、配色も明るいので、見ていて気持ちがいいものです。ネットショップのデザインは予算が許せば最新にしたいものです。

ネットショップ制作会社は数年おきにリニューアルをすすめてきます。私の受注専門サイトも何度かリニューアルしました。予算が許せば、最新のデザインにする方が良いでしよう。
大切なのは、「予算が許せば」という点です。

ネットショップを長く運営するコツは「無理なくやること」。個人のネットショップが予算をかけすぎるのは考えものです。

ホームページ作成サービスでつくった自作ネットショップでしたら、デザインテンプレートがたくさん用意されているのでデザインの変更が簡単にできます。

だからといって、頻繁にネットショップのデザインを変更することは、おすすめできません。なぜなら、**デザインを変更すると、お客様は他店と勘違いする恐れがあるからです。**ここでもお客様の立場に立った考え方が必要となります。

ホームページ作成サービスには「無料のお試し期間」があります。私もお試しからスタートしましたが、その間に使い勝手や機能、デザインテンプレートのイメージを確認することができました。これで安心して正式契約することができます。

昔とは違って、ホームページを公開するハードルはかなり低くなっています。とくに、専門知識がない方は134ページでご紹介したグーペをおすすめします。

「読みたい」ホームページが人気を呼ぶ

ホームページの大前提として、誰もが読みたくなる記事なんてありえません。人それぞれで興味や関心事は異なるからです。

気楽にはじめればよいのですが、**自己満足になることなく、飾らない言葉と理解しやすい文章で書くことを心掛けてください。そうすれば、徐々に読んでいただけるホームページになっていきます。**

ホームページではないのですが、我が家で発行しているダイレクトメール「茶ちゃちゃ通信」には、売り込みの記事がほとんどありません。その点で、お客様にも安心して読んでいただけているのではないでしょうか。

ホームページにしろ、ダイレクトメールにしろ、最も大切なことは読んでいただくこと。どのような内容にすれば読んでいただけるのか考えて記事を書くことが大切です。

私のホームページでは、「アヘン戦争とは？」や「ボストン茶会事件とは？」などお茶の購入とは無関係な記事がよく読まれています。そのような記事をきっかけに、我が家のホームページに興味を持っていただければと思っています。

参考までに、各記事は次のような内容です。

■アヘン戦争とは？

アヘン戦争とは、１８４０年に清とイギリスとの間で起きた戦争です。
ケシの果実からとれるアヘンは鎮痛剤として使われていました。
しかし、モルヒネなどの成分が入っているので使いすぎると麻薬となります。
イギリスは産業革命の近代化で発展をとげました。
そして、国民は好んで紅茶を飲むようになりました。
しかし、イギリスは寒くてお茶を栽培することができません。
ですから、紅茶産地である清との貿易をはじめたのです。
当時の清はイギリスのように近代化していなかったので、清がイギリスから輸入するものはほとんどありませんでした。

清はイギリスへ輸出ばかりして輸入はしないので、イギリスのお金は清に流れていく一方でした。

やがて、イギリスは貿易赤字になってしまいました。

当時、清ではアヘンを吸引する風習がありました。

イギリスは植民地だったインドでアヘンを栽培し、清に輸出したのです。

清はイギリスから輸入するアヘンの量が増えすぎて、貿易輸出入の立場は逆転してしまいました。

ですから、清はイギリスから輸入するアヘンを取り締まったのです。

このままではイギリスは再び貿易赤字になってしまうので、清に戦争を仕掛けました。

これがアヘン戦争です。

清は近代兵器を持つイギリスに勝ちめはないので、イギリスと「南京条約」を結びました。

さらに、香港をイギリスの領土として渡しました。

■ボストン茶会事件とは？

１７７３年、アメリカがまだイギリスの植民地だった頃に「ボストン茶会事件」は起こりました。

イギリスの植民地政策に反発したアメリカ市民が、輸入した船に積まれている紅茶を海に投げ捨てた事件です。

北米植民地をめぐり、イギリスとフランスが戦った戦争でイギリスは勝利しました。

しかし、イギリスは膨大な戦費をまかなうため輸入品に課税しました。

まだイギリスの植民地だったアメリカは、イギリスから輸入する紅茶に課税されたのです。

アメリカ市民はこの課税に対して不買運動で抵抗しました。

この抵抗に対してイギリス軍がボストンを占拠しました。

その後、イギリス軍に多くのアメリカ民間人が射殺されるという「ボストン虐殺事件」が起こりました。

ですから、植民地（アメリカ）の反発はさらに強まりました。

それをおさめるため、イギリスはアメリカに輸出していた紅茶に対する課税だけを残して輸入税は廃止しました。

すると、イギリス植民地だったアメリカは紅茶を密輸することで課税を逃れようとしたのです。

やがて、イギリスの紅茶輸出会社は大量の在庫を抱えました。

ですから、輸出会社の経営は行き詰まってしまいました。

これを救済するためイギリスは紅茶輸出会社に販売独占権を与えたのです。

そして、紅茶輸出会社の貿易船が大量の紅茶を積んでボストン港に到着したときのことです。

荷揚げを試みる貿易船と、荷揚げを阻止するアメリカ市民の睨みあいが続くなかでボストン茶会事件は起こりました。

この「ボストン茶会事件」がきっかけで、英国は紅茶好き、アメリカはコーヒーを好むようになったそうです。

さらに、このボストン茶会事件は、アメリカの独立戦争にまで発展しました。

この2つのページは、自分で歴史を調べて自分なりの文章で書きました。その他のページも自分で取材して書いています。

名文でなくても構いません。いわゆる「明文」でよいのです。読んだ後に疑問が残らず、スッキリとした気持ちになれるような文章になるように心掛けています。

ネットショップで最も大切なことは、お客様を守ること

ネットショップを開店すれば、オーナーは売り上げを伸ばすことに力を入れることでしょう。

もちろん、売り上げを伸ばすことは大切なのですが、それと同じように大切なのが、**「お客様を守ること」です。**

ときどき、アドレスバーに「保護されていない通信」と表示されるネットショップを見かけます。そのサイトは、ウイルス対策が不十分であったり、セキュリティを強化していないからです。

それでは、お客様は安心して買い物をすることができません。

ネットショップで買い物をするとき、お客様は個人情報を入力しなければなりません。だからこそ、セキュリティは充実させたいところです。

私は、「UTM（統合脅威管理）」を導入しています。

UTMは自分のパソコンを守るだけではありません。お客様のパソコンと個人情報を守る役目も果たします。

UTMの管理は専門知識が必要なので、受注サイト制作会社に依頼しています。これで完璧だとは思っていませんが、個人店でもできるだけセキュリティは充実させたいものです。

私が導入しているセキュリティ施策は次のとおりとなります。

・常時安心セキュリティ24（プロバイダー@nirty経由）
・メールウイルスチェック（プロバイダー@nirty）
・UTM（統合脅威管理：受注専門サイト作成会社アイフラッグに依頼。顧客数1000人以上になって導入）

ちなみにUTMはリース契約で、料金は若干高めです。

また、ネットショップはセキュリティ以外の機能も充実させたいと思うでしょう。

しかし、カード決済・買い物かご・自動返信メールなどの機能があれば便利でカッコイイのですが、高機能だからといって売れる訳ではありません。

とくに個人のネットショップは、開店してもすぐに注文が入るようにはなりません。ですから、高機能サイトを持つことは維持管理費が負担になるだけです。

自作サイトを運営していて注文が入るようになり、受注専門サイトが必要になった場合は予算を考慮したうえで検討してください。

ホームページはわが子と同じ、時間をかけて大切に育てる

ホームページは、公開してからが本番となります。公開してから大切に育てなければ繁盛店にはなれません。

「大切に育てる」とは、手をかけすぎることではありません。手をかけすぎると自己満足のホームページになりやすいからです。

公開したばかりのホームページは内容が薄いので、頻繁に更新したくなります。最初のうちは、更新するのも苦にならないでしょう。

しかし、ホームページは構成を決めてから作成しなければ、まとまりのある見やすいサイトになりません。私も最初はそうだったのですが、構成が決まっていないとゴチャゴチャして、わかりにくいサイトになってしまいます。

ホームページの作成は家を建てるのと同じように、しっかりと構成を決めてからつくりはじめてください。構成がきちんとしていれば、こだわりや想いをどこに書けばよいかもハッキリとするので伝えやすくなります。

各ページに掲載するコンテンツは1つに絞るようにしましょう。

「大茶園の小さな農家」の構成は下記の通りです。

あらためて紹介しておきますので、自分でランディングページをつくってみたいという方は参考にしてください。

①スライドショー

トップページ最上部はスライドショーで農作業のようすを紹介しています。

ここで本物の農家であることを信用していただければと思います。

②ＰＲ文（販売している深蒸し茶のベネフィットを掲載しました）

お客様が、販売している〝深蒸し茶〟を飲む価値は何なのかを伝えました。

ここで販売商品を紹介すると売り込みを感じさせてしまいます。

③妻の顔写真と自己紹介

この写真と自己紹介文は考え抜いてあります。

自己紹介でつまずくと、その後を読んでいただけないからです。

④販売している〝深蒸し茶〟が他とはどこが違うのか？（ベネフィット）

この深蒸し茶の他にはない価値を伝えました。

⑤「わたし達がつくっています」

生産者紹介では、顔写真と自分達の経歴を掲載してあります。

経歴は自分達でつくるしかありません。

第5章

⑥「できご と〇〇〇〇」

ここでは、茶園や農作業のようすを紹介しています。
その他、日常のできごとなども掲載しています。

⑦「茶の栽培」

専門的な話なので理解していただけるか懸念しています。

⑧飲みやすい〝深蒸し茶〟への挑戦

我が家の深蒸し茶に興味を持っていただけるような内容にしたいのですが、専門的な話なので読んでいただけるか不安があります。

⑨自家製有機質肥料の画像

〝こだわり〟を、写真と短文で表現しました。

⑩モッチリ肉厚茶葉の画像

〝こだわり〟の肥料を使った結果を、茶園の写真で伝えています。

⑪「茶の製造」

このページも専門的な話なので興味のある方に読んでいただければと思います。

⑫こだわりの蒸しの画像

製造現場を見れば農家直販の実感がわくと考えました。

⑬通販への挑戦

お客様に興味を持っていただけるようなストーリーを心掛けました。ストーリーの内容は、「挑戦↓挫折↓小さな成功↓挫折↓大きな成功↓現在」という感じです。ストーリーは自分達でつくるしかないので、私達家族はなんにでも挑戦してきました。もし失敗してもストーリーのネタになると思って気楽にやっていました。

⑭「茶ちゃちゃ通信」

我が家で発行している通信物で、最も読んでいただきたいページの1つです。

⑮「戸塚家のあゆみ」

私たちが今までに取り組んだことを紹介しています。

最初は掲載することがなかったのですが、なんにでも挑戦しているうちに我が家の歴史ができました。

全く売れなかった14年間は無駄ではありませんでした。我が家の歴史をつくることができたからです。

⑯「わたし達の身体づくり」
私たちの農業に対する姿勢を感じていただければと思います。
⑰「静岡茶とは？」
販売商品の産地紹介です。
お客様が興味を持ちそうな逸話を紹介しています。
⑱「深蒸し茶とは？」
販売商品の説明です。
ここでもお客様が興味を持ちそうな逸話を紹介しました。
⑲人生１００年時代
時代背景のなかで、販売商品にどんな役割があるのかを伝えました。
⑳商品紹介
最初に最も自信のある「初摘み」を紹介しました。

最初に低価格帯商品を紹介すると、高価格帯商品の紹介がむずかしくなると考えたからです。

㉑「お茶の淹れ方教室」

販売しているお茶をおいしく飲んでいただくためには大切な情報です。

㉒「動画：新茶の楽しみ方」

「一般社団法人家の光協会（ＪＡグループの出版・文化事業を営む団体）」に作成していただいた動画です。

㉓「急須のお手入れ」

お客様の「困った」を解決するページです。

「お茶は急須で淹れて飲もう」という隠れたメッセージがあります。

お茶を急須で淹れて飲む方と出会うこともできます。

㉔商品紹介

㉕以下はお茶の関連ページ

㉖商品紹介

お茶を販売するのが目的のホームページなので注文ページへの移動ボタンを３カ所に設定しました。

売り込みを感じさせないようにトップページには商品画像はありません。

㉗「世界緑茶協会」

世界緑茶協会サイトへリンクを貼らせていただきました。

「大茶園の小さな農家」では伝えきれない情報が満載されています。

㉘写真集

気分転換に写真集を掲載しました。

㉙店舗情報　地図

昼間は農作業に出ているので留守が多いと書いてあります。

㉚アクセスカウンター

ここまで見てくれる方は少ないのですが、最後まで手を抜かないことは大切です。

受注専門サイトはあとからつくればよい

繰り返しになりますが、自作ホームページでお茶を売りはじめてから14年間は全く注文が入りませんでした。その14年間で「受注専門サイト」が必要だと思ったことは一度もありません。受注専門サイトは注文が入るようになってからつくればよいと考えていたからです。

注文が入らなかった時代は、ファックス・メール、料金受取人払いハガキで注文を受けていました。

もしも私が、最初から受注専門サイトをつくっていたとしたら、現在の「大茶園の小さな農家」は存在していなかったでしょう。注文が入りはじめて受注対応に困ってから受注専門サイトを立ちあげたからこそ、今があるのだと思っています。


ネットショップを開店するとき、受注システムがなければネットショップを開店する意味がないように思われがちです。

しかし、**公開してもすぐに注文が入るようにはならないので心配する必要はありません。「注文が入ったら困る」と考える前に、見ていただけるホームページにするのが先決です。**

万が一、ネットショップを開店して、すぐに注文が入るようになったとしても慌てる必要はありません。

ホームページ作成サービスを提供しているGMOペパボでは、ネットショップ作成サービス（カラーミーショップ）も提供しています。カラーミーショップを使えば直ぐに受注専門サイトをつくることができます。

まずは自作ネットショップをきちんと運営・管理して、注文が入るようにすることを心掛けてください。その後から受注専門サイトは考えればよいのです。

ちなみに我が家では、受注専門サイトは「アイフラッグ」にお願いしています。デザインは最新で機能も充実しているので、とても満足しています。

受注専門サイトを立ちあげた場合は、自作ネットショップとは別に担当者をつけることをおすすめします。1人で2つのサイトを管理すると確認漏れなどが発生しやすいからです。

かといって人数を増やせばいいというものでもありません。2人で1つのサイトを管理するのも責任がなくなるので注意しましょう。

我が家では、私が自作ホームページを担当し、受注専門サイトは息子に任せています。2人ともそれぞれのサイトに責任があるので、真剣に取り組んでいます。

この2つのサイトの役目は異なります。

自作ホームページはお客様の信用を得て集客するのが目的となりますから、頻繁に更新しなければなりません。ライティングの勉強は必須です。

一方で受注専門サイトは、受注チェックや問合せへの解答がメインとなります。そのため、顧客対応を学ぶ必要があります。

ネットショップのワナ、価格競争に巻き込まれてはいけない

私がネットショップを開店した理由は、「自分で価格を決めたいから」でした。**小さな農家が経営を維持するには、自分で価格を決めて、その価格で売ることが大切だと考えたのです。**

大企業は大量生産しているので、価格を抑えてでも販売量を増やしたいと考えるかもしれません。

実際それが可能ですし、大企業が経営を維持するには、それも戦術としてありえるでしょう。しかし、小規模店は事情が違います。

お客様に選んでいただいたうえ、適正価格で購入していただいてこそ経営が成り立ちます。もしも、個人店が大量販売を目指した場合は売れるかどうかもわからない在庫を抱え

第5章

なければならないというリスクがあります。

事実、個人店が価格を下げてたくさん売れたとしても、その発送作業などの手間と経費が増えてしまいます。

それでは、我が家のような農家直販の場合は本業の農作業に支障をきたしてしまいます。もしそうなれば、生産している農産物の品質が低下してしまうでしょう。品質が低下すれば一般流通での販売も苦戦してしまいます。それでは、生産者直販に取り組む意味がありません。

我が家のような生産者直販は、低価格での大量販売を目指すべきではないのです。**価格で勝負するのではなくて、〝こだわり〟を伝えることで適正価格で売る努力をしなければなりません。**

農産物は口にするまでは品質がわからないので、文章と写真で販売商品に興味を持っていただかなければ売れません。

このような理由から、小さな店こそ自分で価格を決められる売り方を模索する必要があるのです。

価格の決め方については、「限界利益（販売して直接得られる利益：売上高－変動費）」を考えて決めることが大切です。そこから、適正価格を導き出すことができます。

我が家では、次のような値付けをしています。

・初摘み：１００g／１６２０円（税込）
・なみ：１００g／５９０円（税込）

変動費（販売経費）を引いた利益率を40％とした場合、「初摘み」の利益は一袋で６４８円、「なみ」は２３６円となります。

実に２・７倍もの差があるのです（実際はこんなに単純ではありませんが……）。

このように利益率を踏まえると、我が家のような個人経営の茶農家が力を入れる販売商品は、おのずと高品質商品となります。

高品質商品は独自の〝こだわり〟を打ち出しやすいので適正価格で販売しやすく、価格勝負に巻き込まれる可能性は低くなります。

また、高価格帯商品の〝こだわり〟は、お客様に伝えやすいし受け入れられやすいのです。

それは、大量生産だとどうしても雑な生産になりがちだからです。それに対して、少量生産はきめ細やかな生産ができるからです。

我が家のような小さな農家は、高品質商品を適正価格で売れば、経営の安定に繋がります。

もしも、低価格帯商品の販売を目指すのなら、綿密な販売戦略をたてなければなりません。具体的には、高品質商品を販売するよりも薄利になるので、販売経費をこと細かく計算する必要があります。

〝こだわり〟の商品作り、付加価値価格を付けて販売できる工夫をしていきましょう。その販売方法は、自作ネットショップが最も適しています。

開店でようやくスタートラインに立てる

ネットショップの開店は、「スタートライン」に立っただけにすぎません。やはり、開店後の努力なくして、繁盛はありえないのです。そのことは、肝に銘じておいてください。

私は1999年に自作ホームページを立ちあげて自分で売りはじめましたが、長い間まったく売る努力をしていませんでした。

販売メインではなくて、趣味として更新するだけだったのです。

その後、注文が入るようになり、本書で解説しているような工夫を重ねてきました。

「リスティング広告」はむずかしくなく、効果も高い施策です。予算があればやってみてもよいと思います。

具体的には「静岡茶」「深蒸し茶」「通販」など、自分が販売している商品のキーワードを入れて、広告を配信するだけで効果が見込めます。

私のサイトは、それだけで毎日のように注文が入るようになり、1年間で新規のお客様を300人ほど獲得できました。

しかし、このような施策の効果はいつまで続くかわかりません。私の場合は1年でした。

リスティング広告の効果が下がり、広告費がかさんでしまったのでSEO対策に力を入れました。広告をうたなくても売れるようになったのは、そうした取り組みがあったからです。

ネットショップを開店しても、売る努力と工夫をしなければ売れるようにはなりません。繁盛させたいのなら、それなりの覚悟が必要です。

ネットショップを開店して努力をしないのは、ランナーが号砲が鳴っても走り出さないのと同じではないでしょうか。

ネットショップを開店したら、できるだけ早くスタートを切ってください。スタートを切ったら、あとは自分のたてた販売戦略に沿って真剣に走るだけです。

最初のうちは自分の〝勘〟を信じて行動すればよいと思います。

私の場合は、「消費地のお茶専門店が閉店しはじめた」という仮定から、「これからはネット販売が主流になる」という仮説を立てて行動に移しました。

そのようにして考えていけば、自分にできる生き残る方法はあるはずです。

楽天、Amazon、Yahoo! ショッピングで埋もれてしまうわけ

楽天や Amazon、Yahoo! ショッピングといったショッピングサイトへの出店は、片手

間では成功できないケースがほとんどです。

私も過去に出店したことがありますが、農作業との両立ができなかったので全く売れませんでした。品揃えについても、大型店には到底かないませんでした。

ライバル店の多くの類似商品に埋もれてしまうだけだったのです。

しかも、ショッピングサイトでは注文が入るとすぐに発送しなければなりませんが、それもできませんでした。

我が家の新茶販売は、新茶収穫が終わるまで待っていただいて、新茶の発送は5月中旬からになります。

その点でも、ショッピングサイトのやり方は私には合いませんでした。

ショッピングサイトでは、生産者の想いやこだわりを伝えることがむずかしいうえ、価格競争に巻き込まれやすいという危険性があります。

それでは、せっかく生産者直販に取り組んでもやり甲斐は生まれません。

どうしてもショッピングモールで販売したい場合は、次のことがすべてクリアできているかどうかチェックしてください。

第5章

・家族の理解を得ている
・予算がある
・大量注文が入った場合に対応できる（在庫と発送作業）
・価格競争に巻き込まれない策がある
・こだわりを伝える術がある
・「とりあえずやってみる」ではない
・本気で取り組む覚悟がある

現在、私はショッピングサイトを使っていませんが、地元カンパニーのカタログギフト「地元のギフト」には商品登録をしています。

これはインターネットで地域産品が選べるカタログギフトです。商品登録をしておいて注文が入れば送料別の定価で代金を支払ってくれます。

もしも何らかの販売サービスを利用するのでしたら、このようなものを選べばよいでしょう。

店名はとても大切、なぜならずっと使うから

ネットショップの店名は、実店舗と同じでとても大切です。

SEOの観点からも大切なので、適当に決めてはいけません。店名をつけるポイントは「何を販売しているのか」が伝わりやすい店名にすることです。

そもそも、インターネット全体が巨大なショッピングモールのようなものです。ですから、お客様は買った店の名前を覚えていないのが普通です。

一方で、印象に残る店名は覚えやすいので、リピート客が見込めます。

我が家では「初めてのお客様は1000円以上のご注文で送料無料」というサービスがあります。

このようなサービスを付ける場合は、その店で買ったことを覚えておいていただかなければなりません。このサービスは店名を覚えていただくという目的もあります。だからこそ、覚えやすい店名を付けることが大切なのです。

「大茶園の小さな農家」という店名は、次のような理由で命名しました。

アメリカの大草原を開拓する実在した家族をモデルにした『大草原の小さな家』というテレビドラマがあり、NHKで放送されていました。主人公のローラはおてんばなところがあって可愛らしかった印象があります。私はこのドラマが大好きでよく見ていました。このドラマのタイトルをもじって、「大茶園の小さな農家」と名付けたのです。

1999年の開店からずっと同じ店名なので、覚えてくれた方がいるかも知れません。

もう1つ大切なものが「ファビコン」です。

ファビコンとは、小さなアイコンのことでホームページのシンボルマークのようなものです。しかし、ファビコンを重要視しているネットショップは少ないようです。

ファビコンを、販売商品がすぐにわかる印象的なものにすることで、お客様に覚えていただける可能性があります。

店名は覚えていなくても、ファビコンで思い出していただけるかもしれません。印象的なファビコンはWindowsのアクセサリにある「ペイント」で簡単につくれるので、ぜひ作成してみてください。

メインキーワードは真っ先に入れ込む

SEO対策に取り組む際、メインキーワードはとても重要です。具体的なテクニックとして、ホームページタイトルの一番前にメインキーワードを入れるのがポイントです。

記事の概要を説明する「meta descriptionタグ」では、キャッチコピーを前にして、メインキーワードを後に持ってきても紹介文を読んでいただきやすくなるというメリットがあります。

しかし、**ホームページタイトルではメインキーワードは一番前に入れることが大切です。**

その違いは認識しておいてください。

ちなみに「meta descriptionタグ」は、検索した人にホームページの内容を紹介する役割があります。その点を考慮して紹介文を考えましょう。

私が使用しているグーペには「SEO簡単設定」機能があるので、未経験の私でもSEO対策に取り組みはじめることができました。

この機能は、ＳＥＯ対策に取り組みはじめる入り口のようなものです。「ＳＥＯ簡単設定」には、meta description タグ設定画面があるので簡単に設定することができます。

気を付けたいのは、キーワードを盛り込みすぎた長々としたタイトルではダメだということです。

たとえば、「煎茶 静岡茶 牧之原茶 深蒸し茶 ティーバッグ 贈答用 通販 マルシェ お茶のことならお任せください ○○園」では、メインキーワードが何なのかわかりません。

ギフト商品に力を入れる場合は、「ギフトはお任せください」などとシンプルなキーワードをタイトルに入れます。ギフト商品を探しているお客様の来店を促すようにするといいですよね。

タイトルは検索キーワードを入れた単純明解なものにすることを心掛けましょう。そして、タイトルとホームページの内容が異なると信用を失ってしまうので気を付けましょう。

COLUMN

売り上げがすべてではない

若い頃の私は、イベントやマルシェに出店すると売り上げばかりを気にしていましたが、いくら気にしても結果がついてくることはありませんでした。むしろ、結果が出なければ苦しくなるだけだったのです。

そんな中で、東京国際フォーラム地上広場で開催されていた、俳優の永島敏行さんが主催するマルシェ（青空市場）に出店。会場の近くに「相田みつを美術館」があったので、何の気なしに入ってみました。そこで目にとまったのが次の言葉です。

「かねが人生のすべてではないが有れば便利　無いと不便です　便利のほうがいいなあ」

その言葉に触れたとき、私は自分の考え方に疑問を持ちました。マルシェへの出店は、せっかく時間とお金を使って来ているのだから、売り上げばかりを気にしていてはもったいないと思うようになったのです。

東京国際フォーラム広場で開催されていた青空市場に初出店したのは２００５年の

ことでした。青空市場は2011年まで東京国際フォーラム屋外広場で開催されて、その後は東京駅前の「行幸地下通路」に移転しました。

当時放送されていたテレビ番組『ためしてガッテン』（NHK）で掛川深蒸し茶が取り上げられたので、深蒸し茶がよく売れました。

しかし、そのブームもすぐに去り、2012年には出店料と交通費さえ足りなくなってしまいました。そのため、私は売り上げばかりを気にしていたのかもしれません。

そんなときに、「相田みつを美術館」で目にしたのがこの言葉でした。今までこの言葉を忘れたことはありません。

「お金がすべてではない」「売り上げがすべてではない」と考えれば、マルシェへの出店も1つの貴重な経験となります。その経験が今につながっているのだと思います。

相田みつをさんの文体は個性的ですが、若い頃は正統派でした。少しずつ進化して、ご自身のスタイルを獲得したのだと思います。

私も結果を焦ることなく、基本を大切にして、自分の〝こだわり〟を少しずつ育てることができればと思っています。

第6章

お茶は日本の文化、それをつなぐ事業継承のコツ

「手揉み茶」はお金では換算できない伝統文化

製茶機械がない時代のお茶は手で揉んでいました。

そして、静岡県内にはいくつかの茶産地がありますが、それぞれの茶産地に適した手揉み茶技法が編み出されました。その手揉み茶技術は流派として現在に伝えられています。

現在は、技術伝承のため、「茶手揉み保存会」が中心となって手揉み茶技術（静岡県無形文化財）の保存・伝承に努めています。

参考までに、『新手揉製茶法解説　茶業ミニ事典』より、手揉製茶法の流派に関連する内容を引用します。

第八章　手揉製茶法の流派

手揉製茶の技術は、明治中期製茶機械の未完成の頃を頂点として最も発達し、優秀なる技術者はいわゆる茶師は、自己の技術を誇示宣揚《こじせんよう》するため独自の流派を名乗って互いに覇をとなえ、旗幟《きし》を立てて門下生の養成を行った。然し中には勢力争いをこととし弟子の争奪に熱中し、時には他流試合を申し入れるなど不穏の行動さえ生ずるに至ったので県や茶業組合等指導機関がその行き過ぎを戒め、統一的標準製法を策定しようとした……。

◆幾田流（富士・沼津・駿東・伊豆）
◆興津流（清水）
◆川上流（静岡・島田・岡部）
◆鳳明流（静岡・岡部）・静岡茶発祥の地、足久保も含まれます。
◆青透流（岡部・藤枝・島田・川根・金谷）
◆川根揉切流（川根）
◆小笠流（小笠・袋井・掛川・浜松・浜北・牧之原）
◆倉開流（周知・森・春野）

（出典：静岡県茶手揉保存会著『新手揉製茶法解説　茶業ミニ事典』静岡県茶手揉保存会発行、２００１）

静岡県内の手揉み茶流派には、主なものが八流派あります。それら手揉み茶技術は、師

第6章

範以上の茶手揉み技術者が伝承を担っています。

いわゆる、生産者の〝こだわり〟です。

ちなみに牧之原市手揉み茶保存会は、小笠流に属しています。

お茶を手で揉めば、製茶技術の基本を学ぶことにもなります。ですから手揉み茶技術は、生産者の〝こだわり〟の技術として、現在の茶製造に活かされています。

売っているのは生産者の想い

我が家では、農閑期（冬）の作物として蕪《かぶ》を栽培しています。

野菜の栽培はお茶とは違って数カ月で結果が出るので農業技術を磨くのに有効です。単一農作物を栽培するよりも、いくつかの作物を栽培することは農業技術を高める相乗効果があります。

では、我が家の蕪の栽培過程を簡単に説明しておきましょう。

・9月下旬：播種

・10月：間引き・追肥・防除

・11月中旬～12月上旬：収穫
・12月上旬：2度目の播種
・1月上旬：間引き・追肥・防除
・2月上旬～2月下旬：収穫

では、丹精込めて育てた蕪は、どのように売られているのでしょうか。

息子がスーパーマーケットへ見に行ったことがあります。

蕪はクリスタルパックに入れられてきれいに並べられていました。息子は、その蕪を遠くから見ていて、「お客様が買い物かごに入れてくれると嬉しくなった。」と言っていました。

また、牧之原市認定農業者協議会では、会員が作った農作物をスーパーマーケットの店頭で販売させていただいたことがあります。

そのとき、蕪を買ったお客様が「おいしかった」と言って、次の日も買いに来てくれたことがありました。

自分が作った農作物を口にした方から「おいしい」と言っていただけると、本当に嬉しいものです。

スーパーマーケットの店頭販売では、妻が作った蕪の千枚漬けを試食に出したことがあります。そのときバイヤーの方が食べて「これならヨシ」といってくれました。この時も、自分達が作った蕪の品質が合格点をいただいたようで嬉しかったのを覚えています。

この経験で、丹精込めて農作物を育てれば、生産者の想いは消費者に伝わることを実感しました。

なぜ深蒸し茶なのに飲みやすいのか?

深蒸し茶は、茶葉が細かいので急須の網が詰まりやすいという欠点があります。

「普通の深蒸し茶よりもさらに蒸しが進めてあるのに、急須の網が詰まらない」そんな深蒸し茶を作れないものか、私は考えました。

そんな想いから、私たち家族の挑戦がはじまったのです。

もともと、葉肉の厚い茶葉は蒸しを進めても潰れにくいという特徴があります。普通よりもさらに蒸しを進めるには、葉肉をさらに厚くすればよいのです。

試行錯誤の結果、通常よりも蒸しが進めてあるのに粉れていない深蒸し茶を作ることができました。

完成した深蒸し茶は、ホームページで次のように紹介しています。

深蒸し茶は、急須の網が詰まりやすい。

普通よりもさらに蒸しが進めてあるのに急須の網が詰まらない、そんな深蒸し茶を作りたい。

そんな思いから私達家族の挑戦がはじまった。

葉肉の厚い茶葉は蒸しを進めても潰れにくい。

普通よりもさらに蒸しを進めるには、葉肉をさらに厚くする必要がある。

牧之原台地は日照時間が長いので葉肉が厚くなる。しかし、これ以上日照時間を長くすることはできない。

人為的に厚くすることはできないものか？

そこで、栽培方法を見直した。

茶園へ施す配合肥料を工夫すれば葉肉が厚くなるかもしれない。
そこで、自分で作った配合肥料を茶園へ施してみた。
しかし、思うほど葉肉は厚くならなかった。
肥料だけではダメだ。
茶樹の仕立て方も大切なのだ。
しかし、長年の癖があるので私では茶樹の仕立て方を変えることができなかった。
そこで、息子に任せた。
茶樹に付いている葉が増えれば茶樹は肥料成分をよく吸収すると考えたようだ。
そして、思い切った仕立て方にした。
すると、本当に葉肉が厚くなった。

サムライが開墾した牧之原台地、手揉み茶先人が作った深蒸し茶

現在の牧之原台地には広大な茶園が広がっていますが、そこには、〝開墾の歴史〟があります。

明治維新で職を失った武士たちが、勝海舟の尽力で荒廃した牧之原台地の開拓に入りました。それが、「牧之原大茶園」のはじまりです。

武士たちが開拓に入りしばらくすると、牧之原台地と島田宿をつなぐ橋（蓬莱橋《ほうらいばし》：現存する世界一長い木造歩道橋）が大井川に掛けられました。すると、大井川川越職人達も職を失ったので、牧之原台地の開拓に加わりました。

しかし、牧之原台地の開拓は非常に辛い作業だったので、その多くは離れていってしまいました。当時はもちろん、パワーショベルなどありません。刀をくわに持ち替えての開墾だったのです。

想像するだけでも過酷な作業ですよね。

その後、農民が牧之原台地の開拓に入り、現在のような大茶園となりました。

牧之原台地は日照時間が長いので、茶葉の葉肉が厚くなります。ただ、葉肉の厚い茶葉は、普通に蒸して製造すると苦渋味《くじゅうみ》が出てしまいます。

その欠点を和らげるべく、**手揉み茶先人の戸塚豊蔵が蒸し時間を長くして、力を加えずに揉む手揉み茶技法「安楽揉み」を考案しました。**

できあがった茶葉は、「ぐり茶」のようによれていました。これが深蒸し茶の原点と言われています。

ちなみに「ぐり茶」の正式名称は、「蒸し製玉緑茶」と言います。製茶する際、精揉機という形を整える工程を経ていないのが特徴です。伊豆で販売されていますが、興味がある方はぜひ飲んでみてください。

お茶の歴史を知っていただくことで、お茶の楽しみ方も広がるのではないでしょうか。

3g5000円するお茶はどんな味？

現在の手揉み茶は、最高級茶と位置づけられています。

事実、皇室献上茶は手揉み茶に限られています。過去には、我が家の茶園が皇室献上茶園に指定されたことがあり、妻はそのお茶を揉ませていただきました。

全国手揉み茶品評会で最優秀に選ばれた手揉み茶は、毎年高額で落札されています。〝超〟が付くほどの希少価値があるので、市販価格は3gで5000円。いわゆる、プレミアム商品です。

お茶好きの方なら、一度は飲んでみたいと思うのではないでしょうか。

私も一口だけ飲んだことがありますが、とてもおいしかったです。ただ、全国品評会で最優秀に選ばれた手揉み茶だと知らなければ、その価値はわからなかったでしょう。

手揉み茶もいわゆる〝こだわり〟の1つですが、ネット販売の主力商品とはなり得ません。**ネットショップでは、多くの方が求める〝こだわり〟でなければ経営は成り立たないからです。**

個人のネットショップは、高品質商品を適正価格で販売するべきなのですが、プレミアム商品を売るという意味ではありません。

たとえば、煎茶なら一番茶（新茶）ということです。

私は、いたずらに高く売ることはすすめていませんし、無意味に高く売る気もありません。静岡茶は高値で取引きされていた時代もありましたが、現在はそれほどでもありません。

農産物に限らず供給が需要を上回れば、価格はおのずと下がります。今、高値で売れているからといって、これからも高値で売れ続けるとは限らないのです。

ですから、**高品質商品を適正価格で売ることが、長期にわたって経営を安定させる方法だと思っています。**

小学生、手揉み茶体験・お茶教室・ティーヒーロー選手権

牧之原市内のほとんどの小学校で「手揉み茶体験」が行われています。

妻も、地元小学校の手揉み茶体験に参加しています。子どもたちと一緒にお茶を揉むのは、とても楽しい時間となっているようです。


手揉み茶には「なかあげ」といって、揉んでいる途中の茶葉を焙炉《ほいろ》（お茶を揉む台）からいったん取り出す工程があります。そのとき、茶渋が付いた焙炉を濡れタオルできれいに掃除します。

この「なかあげ」の間に、子どもたちはお昼ごはんを食べます。揉みあげるまでに5時間ほどかかります。

小学生の「手揉み茶体験」

揉みあげるのは大人でもたいへんな作業なので、子どもたちはさぞ疲れることでしょう。ですから、自分たちで揉んだ手揉み茶を家に帰って家族と一緒に飲んだとき、そのおいしさもひとしおなのだと思います。どんな風にして飲んでいるのか想像すると、なんとも微笑ましくなります。

子どもたちはお礼に手揉み茶体験を題材にした俳句を書いてくれます。それを楽しみにしている会員の方もいます（講師は、茶手揉み保存会が務めています）。

現代では効率を優先することが多くなったので、手揉み茶を経験することは子どもたちにとって貴重な体験になるでし

第6章

「お茶教室」

ょう。

認定農業者協議会では、一番茶品評会の開催日に小学3年生を招いて「お茶教室」を開きます。子どもたちは、品評会出品茶を目で見て、手で触り、においを嗅いで品質を確かめます。その後、お茶のことを勉強します。

お茶の勉強をしたあと、品評会入賞茶を自分たちで淹れて飲みます。入賞茶は滅多に飲むことのできない高級茶なので、いい経験となるはずです。

その他にも、「小学生ティーヒーロー選手権」があります。これはＪＡ青年部が主体となって行っている「子どもきき茶会」で、普通煎茶・深蒸し茶・かぶせ茶など、子どもでもわかりやすいお茶が出題されるようです。

このように、子どもの頃からお茶に親しむことで、お茶に興味を持ってくれるようになればと思います。

お茶に興味を持てば、大人になって地元産業であるお茶関係の仕事に就いてくれるかもしれません。そんな淡い期待もしています。

今、「急須」を知らない子どもたちが増えている

現代ではペットボトルのお茶が普及したので、お茶は冷蔵庫に入っているのが普通となりました。

そのため、急須を持っていないご家庭が増えているようです。中には、**急須そのものを知らない子どももいるようです。**

たしかに、現代社会は誰もが忙しくしているので、急須でお茶を淹れて飲むのは面倒だ

と思うかもしれません。

茶農家としてはさびしいことですが、私たちも、そのような時代の流れについていかなければならないと思っています。

そこで「大茶園の小さな農家」のトップページに、こんなことを書きました。


知っていますか？

お茶の成分テアニンにはリラックス効果があることを……

そして、高級茶ほど多いことを……

そういえば、お茶を飲みながらケンカするなんて聞いたことがないですよネ。

高級茶でも急須で淹れれば格安なんですヨ。

１００ｇの茶葉で１００㏄の湯飲みに50杯飲むことができます。

１００ｇで１６２０円の高級茶でも一杯がわずか32円。

しかも、２煎目、３煎目は０円です。

急須で淹れるのは面倒かも知れませんが、深蒸し茶なら30秒で淹れることができます。

ペットボトルのお茶は、主に喉の渇きを癒すためのものです。しかし、お茶には「カフェイン」が含まれています。

ご存じの方も多いと思いますが、カフェインには利尿作用があるので、お茶は水分補給には不向きな飲みものです。

ですから、お茶は急須で飲むのがおすすめなのです。

お茶を急須で淹れて飲めば、気持ちがリラックスしますし、気分転換にもなります。お茶は喉の渇きを癒す飲みものというよりは、心を癒す飲みものなのです。

心を癒すには、少量飲めば満足できる高級茶が適しています。気に入った急須を探してみるのも、ちょっとした楽しみになると思いますよ。

お茶は地元に支えられている産業である

昭和の時代、ゴールデンウィークは新茶収穫の真っ盛りなので、茶産地の子どもたちは茶摘みを手伝いました。私も妻もおぼろげながら覚えています。

新茶シーズンは地域の行事などは行われなくなるほど大事な時期だったのです。

現代の小学校では、前述のようなお茶に親しむ体験学習が行われています。地域の大人と子どもたちがふれあうことは、とても良いことだと思います。たとえば、手揉み茶体験では子どもたちと一緒にお茶を揉みながら会話が弾むそうです。息子は「お茶教室」と「ティーヒーロー選手権」に参加しています。「お茶教室」ではメイン講師を務めたことがあります。そのような活動を通じて、お茶と地域はつながっているのではないでしょうか。

一方で、昔は庶民がお茶を飲むことはできませんでした。平安時代、中国から日本へお茶が伝わると、貴族や僧侶など位が高い人の間で飲まれるようになりましたが、位の高い人しか飲むことができなかったのです。平安時代末期〜鎌倉時代初期の僧侶である栄西禅師は、中国からお茶の種を持ち帰って日本でまきました。

栄西禅師は、布教とともにお茶を飲む習慣を日本に広めたのです。やがて、お茶は誰でも飲めるようになりました。

牧之原公園にある栄西禅師像

私たち茶農家は、栄西禅師のおかげで茶農家として今生活ができているのです。

島田市金谷の牧之原公園には大きな栄西禅師像があるので、ときどき足を運んでいます。

その近くにある「ふじのくに茶の都ミュージアム」では、世界のお茶を学ぶことができます。ゆっくりまわれば1日かかるほど広いミュージアムなので、お茶好きの方にはぜひ行っていただきたいです。

いろいろな体験講座もあり、手揉み茶体験もできるのでご興味のある方はホームページをチェックしてみてください(https://tea-museum.jp)。

事業承継はいきなりではなく、長い間おもしろさを語る

息子が茶農家を継いでくれたことを、私は本当に嬉しく思っています。

私は、子育ての頃から心掛けていることがあります。**それは、「本人の気持ちを尊重すること」「子どもでも1人の人間として扱うこと」**です。

協力はしても世話を焼かないように心掛けてきました。あくまでも本人の気持ちを尊重したのです。

親が人生や考え方を教えるのではなくて、ともに考えるようにしてきました。それが今の息子の考え方につながっているのだと思います。

息子の人生で一大決心があったとすれば、高校受験でしょう。

息子は野球が好きだったので、「甲子園を狙える高校に行きたい」と言って、15歳で家を離れて、下宿生活で高校へ通いました。

野球部なので早朝練習があり、夜も9時まで練習がありました。その他にも、自主練習

に励んでいたようです。

加えて、洗濯も自分でやらなければなりません。それでも、自分で決めたことなので、弱音を吐いたことはありませんでした。「ベンチ入りはできないけど最後までやり遂げるから」と宣言したことがありました。

それほど部活に打ち込んでいた中でも、テストの成績で赤点を取ることもなかったのは、褒めてあげてもいいのかもしれません。

野球部で鍛え抜かれた息子は、高校の3年間でずいぶんとたくましくなりました。

高校卒業後、研修生として国立野菜・茶業試験場へ。全国から集まった茶農家の後継者とともに、お茶の栽培、製造、品種や効能などを2年間学びました。

2年間の寮生活では、同じ志を持った若者たちと一緒に生活することで茶農家への意識が高まったようです。そして試験場生活の間に「日本茶インストラクター」の試験に合格しました。

息子は、研修生活が終わると、そのまま後継者として家に入りました。しかし、茶農家の現実を知ると、なかなか受け入れられなかったようです。

そんなとき、ＪＡ青年部で「ＪＡ青年の主張発表大会」への出場機会をいただきました。

最初はイヤイヤだったのですが、みんなが応援してくれるのでだんだんとその気になったようです。

発表の中で、息子は茶農家を継いだ理由をこう語っていました。

「**父がお茶づくりを楽しそうに話すので、そんなにお茶はおもしろいのか、と興味を持つようになった**」

私としては、楽しそうに話した覚えなどないのですが、結果的に、それが理由で息子は茶農家を継ぐ気になったのです。

後継者には財布を早くわたす

息子は、農業を継いだ当初は農作業を〝やらされている〟という気持ちが強かったようでした。そのため、なかなか農作業に身が入りませんでした。

それでも毎日の農作業をしているうちに、しだいに農作業を真面目にやるようになっていきました。

しかし、まだ経営を真剣に考えているとは思えませんでした。

農業は農作業をやっているだけでは面白くありません。やはり農作業に励んだ結果を数字で見なければ実感できないからです。

私は還暦を迎えると息子に経営を譲りました。息子が35歳のときです。農業を継いだ息子にやり甲斐だけは持って欲しいと思っていたので、早い段階で経営を譲ることにしました。

経営を譲ると言ったとき、息子は私の気持ちを察していたのか、「わかった」とだけ言いました。

それから、息子は別人のように変わっていきました。

若ければ、新しい考え方を素直に取り入れられます。また、失敗しても恥ずかしいとは思いません。周りの方もよく面倒を見てくれます。

やったことがうまくいけば、周りの人は「若いのに頑張っているね」と褒めてくれます。褒めてくれれば、息子はますますやる気が出ます。

経営主になれば利益はすべて自分のものになるので本気にならざるを得ません。結果はすべて自分に被さってくるので、自然と真剣になります。やり甲斐も増します。

牧之原台地には「防霜ファン」や「畑地用水タンク」の組合がたくさんあり、我が家では10以上の組合に所属しています。

息子はパソコンが使えるので、すぐに会計の役がまわってきました。認定農業者協議会やＪＡ青年部などの組織にも在籍しているので、その役員もまわってきます。

農作業との両立はたいへんですが、それが将来のためになるのだと思って一生懸命取り組んでくれています。

息子が経営主になって、我が家の経営はそれまで以上に順調にいっています。早い段階で息子に財布をわたして、本当によかったと思っています。

家族が参画する農業経営

息子がまだ農業に魅力を見いだせなかった頃の話です。私は二番茶収穫で、息子１人で製茶工場を稼働させるという思い切った策をとったのです。

その日、私は一日中、茶工場へは入らずに茶摘み作業をしていました。茶工場に入ると、手を出したくなるからです。そのとき、３００kgもの荒茶ができました。

翌日、息子が採んだお茶を製茶問屋へ売りに行くと値が付きませんでした。それは、販売先の製茶問屋が求める最低限の品質がクリアできていなかったからです。息子はかなりのショックを受けたようでした。

しかし、その経験で息子の製茶に対する意識は格段に高まりました。

翌年から、製茶と問屋販売の全責任を息子に任せることにしました。自分が採んだお茶を自分で売るのですから、息子は真剣にならざるを得ないからです。

その後、息子の農業に対する姿勢は別人のように変わっていきました。

栽培や製茶の技術をメキメキと高めていき、お茶の鑑定技術の向上にも積極的に取り組んでいました。お茶の品質を正確に鑑定できなければ、自分が作ったお茶の品質を客観的に評価できません。

息子は茶審査技術全国大会へ２度出場して、個人戦で2位と6位に入りました。団体戦は2度とも優勝を果たしました。

こうして、私の息子に対する気持ちは、不安から期待へと変わったのです。

第6章

お茶を製造する後継者

息子に経営を譲ると同時に、家族の役割分担を明確にしました。

具体的には、私が小売り販売と簿記記帳、妻は通販の発送、息子は茶園管理・製造・問屋販売の責任を担うようにしました。

もちろん、農作業はみんなでやります。

家族全員が経営に参画するようになると、家族の信頼関係は深まっていきました。そして、やり甲斐はさらに大きくなったのです。

COLUMN

道を継ぐ

私は、「最近の若者はダメだ」という言葉が嫌いです。

なぜなら、年を重ねたからといって、若者よりも物事がわかっているとは限らないからです。若いというだけで否定していたら、若者の成長の芽を摘んでしまうことになってしまいます。

年齢だけでなく、性別で否定することも同じです。どんな相手でも、相手の考え方を尊重することは大切なのです。

自分が行ってきた事業を次の世代に譲るとき、後継者を信頼し、影で支える覚悟を持たなければなりません。それが、「道を継ぐ」ことにつながるからです。

私は、24歳のときに妻の家に入るかたちで茶農家を継ぎました。俗にいう「婿養子」です。

妻は3人姉妹の長女だったので、婿取り娘として育てられました。しかし、妻は親の言うことを素直に聞くことはありませんでした。私が仕事をやりやすいように親との間に立ってくれて、私の言いたいことを代弁してくれました。

ときには喧嘩になることもありましたが、妻のおかげで自分が思い描く農業経営をすることができたのです。妻がいたからこそ、今の私があります。

話がずれましたが、若者は経験が少ないので間違うこともあるでしょう。だからといって、やる前からそれを指摘してしまっては若者が経験する機会を奪ってしまうことになります。

若い人や経験の少ない人を否定するのではなくて、信じて任せることが大切なのです。そうすることで、自分自身もまだ成長できるのではないでしょうか。

気前よく任せて、失敗はカバーする。その覚悟があれば、後継者は育つと思います。

あとがき

突然ですが、私は心臓病を患っています。

2014年2月14日、東京で開催されたマルシェに妻と2人で出店したときのことです。夕方から降りだした雪が、帰ろうとすると少し強まってきました。私の車はスタッドレスタイヤを履いていたので、なんとかなるだろうとそのまま帰ることにしました。しかし、東名川崎ＩＣ手前で立ち往生する車が目立ちはじめたのです。

私は直ぐに東名をおりて川崎ＩＣ近くのホテルで雪がやむのを待つことにしました。すると、東名高速道路は通行止めになってしまったのです。

2日後、朝のニュースで「東名高速道路の通行止めは今日中に解除します」と言っていたので、東名の通行止めが解除するまで一般道で帰ることにしました。一般道はなかなか進まず、1日走っても19㎞程度。「今日も帰ることはできないのか……」と諦めかけたそのとき、突然目が見えにくくなってきたのです。数分後にはフラついて、とても運転できる状態ではありませんでした。

妻に運転を代わってもらうと、妻は近くにあったトンカツ屋さんに飛び込んで救急車を呼んでくれました。

幸運にも近くに北里大学病院があったので応急処置をしていただくことができました。心臓でできた血栓が脳に飛んで脳梗塞をおこしたのでした。

病院の待合室で朝を迎えた妻は自分がどこにいるのかさえわからなかったそうです。病院の受付で「ここはどこですか？」と訪ねると、偶然にも娘が住んでいるアパートから1kmほどしか離れていなかったのです。

そのまま脳神経外科に入院することになった私を、妻は娘のアパートに泊まって看病してくれました。


しかし、入院中に再度脳梗塞をおこしてしまったのです。

最初の脳梗塞は軽かったのですが、入院して5日目におこした脳梗塞はヒドかったので頭蓋骨を外す手術をすることが決まりました。

妻は、瞳孔が開いた私の顔を見ると涙が止まらなかったそうです。手術の同意書にサインをするときは手が震えたと言っていました。

しかし、主治医のK先生が諦めずに手術寸前まで処置を続けてくれたのです。その処置がうまくいって、私はギリギリのところで頭蓋骨を外す手術を免れました。

その後、看護師さんが、「食事も普通に食べられているので、そろそろシャワーも浴びることができますね」と言ってくれた矢先、今度は脳内出血をおこしてしまったのです。

この脳内出血で、私はすぐに吐いてしまうようになり、薬を飲むことさえできなくなってしまいました。

結局、3カ月間の入院を余儀なくされたのですが、その間に我が家では新茶の収穫が行われました。そのとき息子が書いた「茶ちゃちゃ通信」に、こんなことが書いてありました。

平成26年4月22日発行

最後に…今年の2月に、園主であり、父でもある雅睦が脳梗塞を起こし、只今も入院中です。

そのため、今年は大事な戦力を欠いての新茶収穫となりました。

皆様にはいつもと変わらないお茶とサービスを提供していく所存ですので、もし何か不都合な点がございましたら何なりとお申し付け下さい。

できる限りの対応をさせて頂きます。

幸い父も快方に向かっておりますのでご安心下さい。

勇太

この年、息子と妻は例年通りの新茶収穫をやってのけたのです。「お客様に新茶をお届けしたい」その一心だったそうです。このとき、お手伝いに来てくださった方には今でも感謝しております。


5月中旬に退院することができたのですが、まだ1人で歩くことができませんでした。退院後も、自宅でのリハビリ生活は続きました。

廊下に手すりを付けてもらい、それにつかまり1人で歩く練習をしました。手には常にゴムボールを握っていました。洗濯バサミを開く練習もしました。1人で千羽鶴も織りました。自分の名前と住所を何度も書きました。小学生の教科書を音読し小学生ドリルもやりました。

少し歩けるようになると、妻は私の手をとり一緒に歩いてくれました。妻の献身的な介護のおかげで私は順調に回復していったのです。2年後には10㎞マラソンを、5年後にはフルマラソンを完走できるまでになりました。

1人で外出することができない間、時間は十分にありました。

「大茶園の小さな農家」のランディングページ化に取り組み、SEO対策にも挑戦しました。

やり甲斐のある農業経営を築くために自分で売る道を選んだのですが、取り組んでいるうちにこの農業モデルを次世代に伝えたいと思うようになりました。

次世代に伝えるには文章にするのが最適です。1人でも多くの人に伝えるため、こうして本に記することができたことに感謝しています。

私のような人間でも、ホームページを活用したり、本を出したりすることができます。

誰でもやり方次第で道は拓けると思います。

人生で困っていたり、悩んでいたり、あるいは目標を失っている方がいましたら、本書を参考にして奮起していただければ幸いです。

本書を出版するにあたり、天才工場の吉田浩社長をはじめとしたスタッフの皆さん、山中勇樹さん、大川朋子さん、奥山典幸さん、合同フォレストの澤田啓一郎さんにはたいへんお世話になりました。

本当にありがとうございました。

２０２３年12月

戸塚 雅睦

● 著者プロフィール

戸塚 雅睦（とづか・まさちか）

大茶園の小さな農家（カネト製茶）園主

1958年９月12日、静岡県牧之原市に農家の次男として生まれる。高校卒業後、京都友禅染の会社に入社するも、理想と現実の乖離に悩み退社。離職後は実家に戻り農業を手伝い、その後、農業者大学校へ入学。結婚を機に、茶農園に従事。

ＪＡ青年部・牧之原市認定農業者協議会入り。1993年、想いを語ったＪＡ青年の主張大会で静岡県知事賞を受賞。

1999年、茶農園で栽培・製造した茶葉を製品にして、自身で販売をはじめる。同年、自作ホームページでの販売も開始。ゼロからのスタートで、売り上げを10倍以上にアップさせる。

2005年、皇室献上茶の指定園主に指定される。

現在は、Ｄ２Ｃ販売ができる小規模業者を増やす支援活動を行っている。

サイト「大茶園の小さな農家（カネト製茶）」
https://www.daichaen.com

企画協力　株式会社天才工場　吉田 浩
編集協力　山中 勇樹、大川 朋子、奥山 典幸
組　　版　GALLAP
装　　幀　華本 達哉（aozora.tv）
校　　正　オズボーン 昌子

失敗しない小規模EC戦略
本当の“こだわり”でお客様をつかむ、小さな農家の販促術

2024年1月30日　第1刷発行

著　者　　戸塚　雅睦
発行者　　松本　威
発　行　　合同フォレスト株式会社
郵便番号 184 - 0001
東京都小金井市関野町 1 - 6 - 10
電話 042（401）2939　FAX 042（401）2931
振替 00170 - 4 - 324578
ホームページ　https://www.godo-forest.co.jp
発　売　　合同出版株式会社
郵便番号 184 - 0001
東京都小金井市関野町 1 - 6 - 10
電話 042（401）2930　FAX 042（401）2931
印刷・製本　モリモト印刷株式会社

ISBN 978-4-7726-6246-8　NDC 673　188 × 130

合同フォレストSNS
合同フォレスト ホームページ　facebook　Instagram　X　YouTube